1 MONTH OF
FREE
READING

at

www.ForgottenBooks.com

By purchasing this book you are eligible for one month membership to ForgottenBooks.com, giving you unlimited access to our entire collection of over 1,000,000 titles via our web site and mobile apps.

To claim your free month visit:

www.forgottenbooks.com/free452593

ISBN 978-0-656-64443-8
PIBN 10452593

Schutzzoll und Kartelle.

Von

Dr. Robert Liefmann

Privatdozent an der Universität Giessen.

Verlag von Gustav Fischer in Jena

1903.

Inhalt.

dustrien der Export nur zeitweise als Sicherheitsventil
in stärkerem Maße in Anspruch genommen wird, um den
inländischen Markt zu entlasten, 5. weil auch andere
Staaten billiger ins Ausland verkaufen und die Welt-
marktpreise daher überhaupt nicht mehr als die „natürlichen" und einzig richtigen anzusehen sind.
Überhaupt liegt nicht im Export ein Nachteil der Kartelle,
sondern nur in ihren hohen inländischen Preisfestsetzungen.
Nachteile deshalb für die Weiterverarbeiter, auch wenn
das Kartell garnicht exportiert.
Versuche der Abhilfe: Ausfuhrvergütungen der Kartelle.
Tendenz zu internationalen Kartellen. Ausbreitung großer
Unternehmungen über verschiedene Länder; Tendenz zu
Kombinationen. Bedeutung aller dieser Entwickelungs-
tendenzen für den ökonomischen Fortschritt.

Verminderung oder Aufhebung der Schutzzölle im allgemeinen. Bestimmung des canadischen Zollgesetzes.
Gründe für die Unzweckmäßigkeit einer allgemeinen Bestimmung. Zeitweise Zollermäßigung im einzelnen Falle.
Verminderung oder Aufhebung der Schutzzölle als Maßregel
gegen die billigeren Auslandsverkäufe im besonderen. Sozial-
demokratischer Antrag. Gründe für seine Unzweckmäßigkeit. Erweiterung des Veredlungsverkehrs ein besseres Mittel.
Zollrückvergütungen, Tarifpolitik der Verkehrsanstalten.
Gemeinsames Zusammenwirken von Staat und Rohstoff-
kartellen zur Verbesserung der Lage der Weiterverarbeiter.
Erhöhung der Schutzzölle, um den Kartellen fremder Staaten
entgegenzutreten. Anti-Exportprämienklausel. Unzweckmäßigkeit einer solchen. Artikel des russischen Finanz-
ministers. Einziges Mittel: internationale Vereinbarungen
gegenüber der Forzierung der Ausfuhr durch staatliche
und private Exportprämien.
Einfluß auf den Charakter der äußeren Handelspolitik.
Internationale Konferenzen für bestimmte Produkte.
Stellung zu den Vereinigten Staaten von Amerika. Internationale Zollvereine?
Schluß. Ausblick auf die Weiterbildung des modernen „Kapitalismus" als Mittel im ökonomischen Kampfe der Völker.

Einleitung.

Den Grundcharakter der folgenden Erörterungen, welche die beiden
aktuellsten wirtschaftlichen Themata unserer Zeit, die Zoll- und die
Kartellfrage miteinander in Verbindung bringen, glaube ich darin sehen
zu dürfen, daß dieselben nicht von einem bestimmten handelspolitischen
Standpunkt aus geschrieben sind. Zwar kann man natürlich nur entweder Freihändler oder Schutzzöllner sein, ein drittes gibt es nicht;
aber falsch ist es schon, einen dieser beiden Standpunkte prinzipiell
zu vertreten, wie es leider so vielfach geschieht. Allgemein läßt
sich die größere Zweckmäßigkeit, sei es des Schutzzolls, sei es des
Freihandels, nicht entscheiden; die Frage ist eine rein wirtschafts-
politische, nur zu behandeln mit Rücksicht auf die Verhältnisse eines
bestimmten Landes, und selbst hier wird es oft nicht möglich sein,
Schutzzoll oder Freihandel schlechthin zu empfehlen, sondern die Entscheidung wird oft für verschiedene Industrien verschieden ausfallen
müssen. Ist es also schon aus diesem Grunde verkehrt, prinzipiell für
Schutzzölle oder für Freihandel einzutreten, so spricht eine weitere Er-
wägung besonders gegen die allgemeine Empfehlung des Freihandels
als der zweckmäßigsten Art des Verkehrs mit anderen Nationen. Freihandel und Schutzzölle sind nämlich keine Gegensätze. So selbstverständlich dies ist, so oft wird es doch verkannt, und diese falsche
Auffassung hat außerordentlich viel dazu beigetragen, die handelspolitischen Fragen zum Gegenstande einseitigster Prinzipienreiterei zu
machen. Schutzzoll und Freihandel sind keine Gegensätze, sondern nur
Gradunterschiede. Der Freihandel ist dabei das eine Extrem, Schutzzoll aber nicht das andere, sondern unzählige Grade von Schutzzöllen
— die bloßen Finanzzölle können wir dem Freihandel gleichachten —
führen von dort zu dem entgegengesetzten Extrem, dem Einfuhrverbot.

Daraus ergibt sich aber die viel ungünstigere Stellung dessen, der für Freihandel eintritt, gegenüber demjenigen, der Schutzzölle fordert; denn nur der erstere vertritt ein Extrem, von letzterem aber ist über den Grad seiner schutzzöllnerischen Bestrebungen noch gar nichts gesagt. Die verschiedensten Abstufungen des Protektionismus kann es geben und gibt es in der Tat.

Unter diesen Umständen ist es schwer verständlich, wie selbst scharfsinnige Köpfe unbedingt für ein Extrem, für Freihandel eintreten können, und diesem Zustande absoluter Verkehrsfreiheit zwischen den Völkern alle möglichen Vorteile, dem Schutzzollsystem aber alle möglichen Nachteile zuschreiben, ganz ohne Rücksicht darauf, daß letzteres ja dem Grade nach außerordentlich vielgestaltet sein kann. Als das neueste und beste Beispiel dafür, daß man dies verkennt und sich geradezu auf den extremen Standpunkt einer Negation aller Schutzzölle jeglichen Grades stellt und nur vom Freihandel günstige Wirkungen erwartet, sei die Schrift Dietzels: Sozialpolitik und Handelspolitik (Berlin 1902) genannt. Es genügt ihm nicht die Feststellung, daß Handelspolitik und Sozialpolitik in keinem notwendigen Zusammenhang stehen, daß letztere unabhängig von der Gestaltung ersterer gefördert werden kann. Nein, er behauptet: „Wer die Sozialreform will, muß Freihändler sein" (S. 94), „Man kann nicht nur, sondern muß als Sozialpolitiker Freihändler sein" (S. 5). Ich kann mir diese Einseitigkeit nur so erklären, daß Dietzels Schrift offenbar, außer durch allgemein theoretische Erwägungen über die Nützlichkeit des Freihandels, stark durch den praktisch-politischen Gedanken bestimmt wurde, den heute vorhandenen übermäßigen Schutzzollbestrebungen entgegenzuwirken. Zu diesem Zwecke glaubt Dietzel wohl, die Vorteile des Freihandels möglichst herausstreichen zu sollen. Aber das geht m. E. doch nicht an. Man kann wohl theoretisch in dem Freihandel den Idealzustand des wirtschaftlichen Verkehrs der Völker sehen, vom Standpunkt der heutigen praktischen Politik aber muß man doch dem Rechnung tragen, daß die anderen Staaten sich heute durch Schutzzölle wirtschaftlich möglichst unabhängig zu machen und ihre Volkswirtschaft möglichst zu entwickeln suchen, und daß wir deshalb nicht einseitig Freihandel haben können. Diese Seite der Sache übergeht Dietzel vollkommen, und wenn daher auch zuzugeben ist, daß heute vielfach ein übermäßiges Streben nach Schutzzöllen und ein blindes Vertrauen in die günstigen Wirkungen derselben vorhanden ist, so sind doch derartige Übertreibungen, wie sie Dietzel offenbar vornimmt, um dem entgegenzuwirken, nicht

nur wissenschaftlich haltlos — ist doch unsere ganze bisherige Sozialpolitik in Zeiten einer schutzzöllnerischen Handelspolitik vor sich gegangen — sondern sie verfehlen auch ihren praktisch-politischen Zweck.
Der hier zu Grunde gelegte Standpunkt ist ein ganz anderer. Die
Schrift will nicht ein bestimmtes handelspolitisches System empfehlen,
tritt überhaupt nicht für eine bestimmte Handelspolitik ein, insofern
als sie niemals erörtert, ob die Zölle für irgend ein Produkt höher oder
niedriger sein müßten, sondern sie untersucht die Beziehungen zwischen
Schutzzöllen und Kartellen und zwar immer vom Standpunkt der deutschen
Volkswirtschaft in ihrer Gesamtheit, nicht von dem einzelner Interessen-
gruppen ausgehend. Mit dem Nachweis, daß auch beim Schutzzollsystem, das wir aus allgemeinen handelspolitischen Gründen einstweilen
beibehalten müssen, der wirtschaftliche Fortschritt, der uns zur Behauptung anderer Nationen gegenüber befähigt, die Herbeiführung
einer vollkommeneren Produktionsorganisation, möglich ist (Schluß von
Kapitel II), ist die Beziehung unseres Themas zu den Fragen der gegenwärtigen Zollpolitik erschöpft, und die Erörterungen des III. Kapitels
über die zollpolitischen Maßregeln gegenüber den Kartellen stehen um
deswillen mit den gegenwärtigen Zollfragen in keinem Zusammenhang,
weil sie nur allgemein untersuchen, was geschehen kann, nicht für
irgend ein bestimmtes Produkt die Notwendigkeit heutigen Eingreifens
aussprechen.

Für die folgende Untersuchung ergibt sich von selbst eine Gliede-
rung in drei Kapitel. Sie behandeln: 1. den Einfluß der Schutzzölle auf die Entstehung der Kartelle; 2. den Einfluß der
Schutzzölle auf die Wirksamkeit der Kartelle, insbesondere
das Problem der billigeren Auslandsverkäufe; 3. die Zollpolitik als Mittel gegenüber den Kartellen.

Der wesentlichste Teil des II. Kapitels war Gegenstand eines Vor-
trags im Mittelrheinischen Fabrikantenverein in Mainz und ist in der
Kartellrundschau publiziert worden.

Um den geschlossenen Gang der Untersuchung nicht zu unter-
brechen, konnten einige Exkurse dem Texte nicht als Anmerkungen
beigefügt werden, sondern mußten am Schlusse besonders zusammen-
gestellt werden.

Kapitel I.

Der Einfluss der Schutzzölle auf die Entstehung der Kartelle.

Monopolistische Vereinigungen hat es immer gegeben; solange ein einigermaßen entwickelter Tauschverkehr besteht, hat man versucht, die Konkurrenz durch gemeinsames Vorgehen einzuschränken. Wir finden den Kartellen und Trusts ähnliche Gebilde im alten Indien und Assyrien, dem klassischen Altertum waren sie nicht fremd, und auch im Mittelalter hat man stets Vereinigungen beobachtet, durch welche der freie Wettbewerb mehrerer Wirtschaftssubjekte in irgend einer Weise beseitigt oder vermindert wurde. Und zwar erfolgte der Ausschluß der Konkurrenz schon damals nicht nur durch staatliche Mitwirkung wie bei den Zünften, sondern es hat auch stets Vereinigungen gegeben, durch welche nicht den Zunftschranken unterliegende Produkte, wie die Erzeugnisse des Bergbaues, ausländische Waren und dergl. monopolisiert wurden. Auch das 17. und 18. Jahrhundert weist solche monopolistische Vereinigungen auf, sie haben teilweise sogar genau die Formen unserer Kartelle gehabt.

Immerhin waren freie monopolistische Vereinigungen bis in die allerneueste Zeit hinein nur vereinzelte Erscheinungen, die zwar natürlich auch mit den jeweiligen wirtschaftlichen Verhältnissen des betr. Gewerbes zusammenhingen, aber nicht der Ausdruck einer das ganze Wirtschaftsleben durchziehenden Tendenz zur Neuorganisation desselben waren. Erst im letzten Viertel des 19. Jahrhunderts, seit etwa 25 Jahren also, sind die Kartelle und Trusts — diese beiden Formen werden jetzt wohl allgemein bei den monopolistischen Vereinigungen selbständiger Gewerbetreibender unterschieden — in so grosser Zahl und in so vielen Zweigen wirtschaftlicher Tätigkeit aufgetreten, daß man von einer allgemeinen Tendenz der modernen Volkswirtschaft zur Bildung monopolistischer Vereinigungen sprechen kann.

Die Frage nach den Ursachen dieser Entwicklung, die sich mit einer bei wirtschaftlichen Erscheinungen bisher noch niemals beobachteten Schnelligkeit vollzogen hat, ist viel erörtert worden, und in den Untersuchungen darüber hat man zuerst die Schutzzölle mit den Kartellen in Verbindung gebracht.[1]) Es liegt daher auch für uns, die wir den Beziehungen zwischen Schutzzöllen und Kartellen nachgehen wollen, nahe, mit dieser Frage den Anfang zu machen.

Welchen Einfluß hat das Schutzzollsystem auf die Entstehung der monopolistischen Vereinigungen der Unternehmer gehabt? Die Meinungen darüber gehen namentlich bei den früheren Schriftstellern weit auseinander.[2]) Die Freihändler behaupteten, insbesondere in den Zeiten, als die Kartellbewegung zuerst die Aufmerksamkeit auf sich zog, daß es ohne Schutzzölle keine Kartelle gebe.[3]) Auch später ist diese Auffassung noch vertreten worden.[4]) Die einen meinen: das Schutzzollsystem ist die Mutter der Kartelle,[5]) andere sind vorsichtiger und erklären, daß das Schutzzollsystem Patenstelle bei den Kartellen vertreten habe.[6]) Letzteres ist aber etwas unbestimmt. Ich habe mich in meiner Schrift über die Unternehmerverbände[7]) so ausgedrückt, daß die Kartelle weder der Grund, noch die notwendige Voraussetzung, sondern nur ein Mittel zur Entstehung der Kartelle seien. Sie erleichtern das Zustandekommen derselben. Ohne Schutzzölle können Kartelle aus folgenden Gründen entstehen: 1. Seltenheit des Vorkommens des betr. Rohstoffs oder der betr. Industrie. 2. Bedeutung der Transportkosten im Verhältnis zum Werte des Produktes, welche auch vielfach lokale und territoriale Monopole, also innerhalb eines und desselben Landes gestattet. (Kohle, Zement, Salz etc.) 3. Überlegenheit der Industrie eines Landes gegenüber der ausländischen Konkurrenz. 4. Im Wege internationaler Kartellierung. — Wo diese Bedingungen fehlen, werden Kartelle ohne Schutzzölle wohl geschlossen werden, aber nicht auf die Dauer bestehen können.

Aber mit dieser theoretischen Erörterung ist das Problem bei weitem nicht erschöpft. Viel interessanter ist die Frage, in wieweit nun tatsächlich in den einzelnen Ländern die Zollverhältnisse auf die Entstehung und Ausbreitung der monopolistischen Vereinigungen Einfluß gehabt haben. Diese Frage ist vielfach untersucht worden und es haben sich zwei Tatsachen ergeben, welche scheinbar die Ansicht derer, daß der Schutzzoll die notwendige Voraussetzung der Entstehung der Kartelle sei, glänzend bestätigen. Das eine ist die Tatsache, daß sich in Deutschland die große Ausdehnung des Kartellwesens alsbald nach

dem Übergang zum Schutzzollsystem 1879 vollzogen hat, das andere
ist der Umstand, daß in dem Freihandelslande England die Tendenz
zu monopolistischen Vereinigungen verhältnismäßig gering geblieben
ist, viel geringer jedenfalls, als es bei dem ältesten Industrielande der
Welt erwartet werden könnte.

Diese beiden Tatsachen sind viel kommentiert worden und ein
volles Einverständnis ist auch heute, namentlich bezüglich der Gründe
der geringen Kartellentwickelung in England, noch nicht erzielt. Meine
Ansicht ist, wie gesagt, daß beide Tatsachen nur scheinbar die Abhängigkeit der Kartellbewegung vom Schutzzollsystem beweisen.

Was zunächst die deutschen Verhältnisse und die Wirkung des
Übergangs zum Schutzzollsystem im Jahre 1879 betrifft, so ist schon
früher darauf aufmerksam gemacht worden,[8]) daß schon lange vor jener
Zeit Kartelle in Deutschland bestanden haben. Ja man hat auf Grund
dieses Umstandes die Bedeutung des Zolltarifs von 1879 für die Entstehung der Kartelle teilweise unterschätzt und insbesondere dem großen
Krach anfangs der 70er Jahre einen größeren Einfluß in dieser Hinsicht zugeschrieben.[9]) In meiner Schrift über die Unternehmerverbände
habe ich dann betont — und das wird jetzt wohl allgemein anerkannt —,
daß das Zustandekommen sehr vieler Kartelle erst durch den Schutz-
zolltarif von 1879 ermöglicht ward, daß aber die Tendenz zur Kartellbildung, der Gedanke, mittelst solcher die ungünstige wirtschaftliche
Lage und den Konkurrenzkampf zu beseitigen, schon vorher in vielen
Unternehmungszweigen vorhanden war. Es muß als sehr wahrscheinlich angesehen werden, daß von den zahlreichen, kurz nach der Einführung der Schutzzölle zustande gekommenen Kartellen[10]) viele in
ihren Anfängen auf die Zeit vor 1879 zurückgehen, und daß nur die
infolge der ausländischen Konkurrenz mangelnde Aussicht auf Erfolg
ihr früheres Zustandekommen hinderte. Es ist daher nicht richtig, daß
der Schutzzoll die Veranlassung der Kartellbewegung gewesen sei,
die Unternehmer Kartelle nur geschlossen hätten, um denselben vollkommen auszunutzen. Sie sind vielmehr ein Produkt viel tiefer liegender
Gründe, der gesamten neuzeitlichen Entwickelung der Industrie mit
ihrer steigenden Konkurrenz, dem deshalb zunehmenden Kapitalrisiko
und sinkenden Gewinn. Nicht um die Zölle auszunutzen, beseitigten
die Unternehmer ihre Konkurrenz und schlossen Verbände, sondern um
den heftigen Konkurrenzkampf, den sie als Ursache der ganzen ungünstigen Lage erkennen mußten, zu beseitigen, erstrebten sie Schutzzölle sowohl als Verbände; erstere um sich die ausländische Kon-

kurrenz vom Halse zu schaffen, letztere um auch im Inlande das aussichtslose Gegeneinanderkämpfen zu verhindern. Denn das erkannten die Unternehmer bald, daß die Schutzzölle der Industrie nur geringen Nutzen stifteten, solange noch im Innern der heftige Konkurrenzkampf fortdauerte. Auch hatte die gemeinsame Agitation für die Zölle die Unternehmer derselben Branche in ihren Fachvereinen einander näher gebracht und so ergaben sich von selbst die Versuche zu engerem Zusammenschluß.

Nicht so einfach ist die andere Tatsache zu erklären, die geringe Kartellentwickelung in England, und die Frage zu beantworten, inwieweit das Freihandelssystem Englands darauf Einfluß gehabt hat.

Als bei uns das Kartellproblem schon eine außerordentliche Rolle spielte, war in England, von dem man sonst gewohnt ist, daß alle wirtschaftlichen Erscheinungen sich dort zuerst entwickeln, noch kaum davon die Rede, an literarischen Arbeiten darüber fehlte es vollkommen, und früher als die Kartelle haben in England die eigenartigen Allianzen, die gemeinsamen Verbände der Unternehmer und Arbeiter, die Öffentlichkeit beschäftigt. Auch ich konnte bei meiner Studienreise 1899 konstatieren, daß das Kartellproblem dort kaum vorhanden sei, und wenn ich auch von dem Bestehen einer ganzen Reihe monopolistischer Vereinigungen erfuhr, so war doch eine umfassendere Beschaffung des Materials damals unmöglich, da sich die Öffentlichkeit nicht mit der Frage beschäftigte und literarische Arbeiten nicht vorhanden waren. Erst neuerdings hat sich das teilweise geändert. Die kolossale Ausbreitung der Trusts in Amerika, die Bildung riesenhafter internationaler Vereinigungen mußte alle Augen auf diese Entwickelung ziehen, und wie es auch bei uns Leute gibt, die von den amerikanischen Trusts und ihren Millionenziffern mehr wissen als von den deutschen Kartellen, daher auch diese als Trusts bezeichnen und glauben, daß die ganze Entwickelung von Amerika ausgegangen sei, so fing man auch in England erst, nachdem man die Zustände des Auslandes beobachtet hatte, an, ähnlichen Organisationen im eigenen Lande die Aufmerksamkeit zu widmen. Jetzt wurde kritiklos alles zusammengestoppelt, was irgend wie eine Vereinigung aussah. Jede Fusion wurde als Trust, jeder Fachverein als „Combination" aufgezählt und bald hatte man einige hundert beisammen.[11])

In Wirklichkeit ist die Tendenz zur Bildung monopolistischer Vereinigungen, sei es in Form der Kartelle oder der Trusts, viel geringer geblieben als bei uns, und davon, daß dort etwa doppelt soviel Unternehmerverbände (ca. 870) wie bei uns existierten, kann keine Rede sein; man müßte denn alle Fachvereine mitrechnen.[12]) Ich glaube, daß die Zahl der monopolistischen Vereinigungen, also derer, die mindestens $^3/_4$ der in Betracht kommenden Unternehmer umfassen, hundert nicht übersteigt, jedenfalls sind heute nicht so viele bekannt. Es gibt darunter eine Anzahl monopolistischer Fusionen,[13]) sowie eine wahrscheinlich viel größere Zahl von Kartellen, die aber alle ganz lose Form aufweisen: Preis-, Produktions- und Gebietskartelle.[14]) Erst in neuester Zeit hat man versucht, den bei uns beliebtesten Typus des organisierten Kartells, die Auftragsverteilung, dort einzuführen.[15])

Es lag nahe, diese bedeutend geringere Entwickelung der monopolistischen Vereinigungen in England im Vergleich zu andern Ländern mit der Verschiedenheit des Zollsystems, mit dem dortigen Freihandel in Zusammenhang zu bringen. Dies umso mehr, als es an Fachvereinen und Arbeitgeberverbänden durchaus nicht fehlt, solche vielmehr schon früh und in großer Anzahl entstanden sind.

Wenn nun auch dem Freihandelssystem Englands nicht jede Bedeutung für die Erklärung der in Frage stehenden Tatsache abgesprochen werden kann, so glaube ich doch nicht, darin den Hauptgrund suchen zu dürfen. Vielmehr habe ich schon in meiner Arbeit über die Alianzen[16]) auf Grund der Eindrücke einer englischen Studienreise der Ansicht Ausdruck gegeben, daß der Hauptgrund für die geringe Entwicklung der monopolistischen Vereinigungen in England in den wirtschaftlichen Anschauungen der englischen Unternehmer zu suchen ist. Ich wies zunächst darauf hin, daß Kartelle doch nicht nur geschlossen werden, um die Schutzzölle voll auszunutzen. Der heftige Konkurrenzkampf kann die Preise auch weit unter diejenige Grenze treiben, bei welcher in einem Lande mit Freihandel Einfuhr von außen möglich erscheint. Für alle diejenigen Produkte ferner, bei deren Preis die Transportkosten schwer ins Gewicht fallen, genießen die inländischen Unternehmer bis zu einer gewissen Grenze ein natürliches Monopol. Bei England kommt außerdem in Betracht, daß es in vielen Produkten in keinem Falle leicht Konkurrenz zu fürchten hat. Endlich haben Kartelle überhaupt nicht immer den Zweck, die Preise bis zur äußersten Grenze zu erhöhen, sondern sie können auch der Beseitigung einer Überproduktion und Abstellung sonstiger Übelstände im Gewerbe, von Mißbräuchen in der Kredit- oder Rabattgewährung und dergl. dienen. Alles dies hätte ganz unabhängig von dem herrschenden Zollsystem in England eine ähnliche Ausdehnung des Kartellwesens herbeiführen können wie bei uns. Der

Hauptgrund dafür, daß das nicht der Fall war, daß in zahlreichen Industriezweigen, in denen bei uns schon lange fest geschlossene Verbände existieren — ich erinnerte an die Kohlenindustrie — dort Kartelle noch fehlen, schien mir vielmehr darin zu liegen, daß die Lehren des extremen Individualismus in England noch einen so festen Boden im Unternehmertum haben. Der Gedanke, daß die freie Konkurrenz der „natürliche" Zustand des Wirtschaftslebens sei, und daß bei ihr der Vorteil aller am besten gewahrt werde, ist dort noch außerordentlich mächtig und verbreitet.

Diese Auffassung wurde inzwischen von manchem geteilt, so unter Bezugnahme auf meinen Aufsatz von Jenks in dem Report of the Industrial Commission on Industrial Combinations in Europe,[17]) von einer Seite jedoch angegriffen, nämlich von Dr. Goldstein in einem Aufsatz der Zeitschrift für Sozialwissenschaft, der sich speziell mit dieser Frage befaßt.[18]) Angesichts der Wichtigkeit, die Goldstein dem Problem beizulegen scheint, möchte ich noch einmal auf dasselbe zu sprechen kommen, da ich seinen Ausführungen vielfach nicht beistimmen kann.[19]) Goldstein glaubt nämlich, daß neben der Abwesenheit hoher Schutzzölle, was natürlich auch ihm ein nicht zu übersehendes Moment ist, „die geringe Ausdehnung des Kartellwesens in England in erster Linie der erheblichen Rolle des Exports und der eigentümlichen geographischen Lage des Landes zugeschrieben werden muß" und daß „den Ideen des extremen Individualismus — — — dagegen nur eine sekundäre Bedeutung beigemessen werden" kann.

Was zunächst die Behauptung betrifft, daß „die Unternehmer in einem Lande mit einem starken Export verschiedener Produkte bei Gründung eines Kartells mit bedeutend größeren Schwierigkeiten zu kämpfen haben, als die Unternehmer in Ländern mit einem schwachen Export", so muß dieselbe in dieser Allgemeinheit entschieden als falsch bezeichnet werden. Viel eher ist das Gegenteil richtig; je größer die Ausfuhr und je erschwerter dieselbe durch die Konkurrenz anderer Staaten ist, um so größer wird das Kartellierungsbedürfnis im Inlande. Wenn solche Verhältnisse wirklich in England vorliegen, so müßten die englischen Unternehmer um jeden Preis suchen, im Inland Kartelle zu schließen, und sich mittels derselben für den billigen Export schadlos zu halten. Und sie müßten, wenn ihnen die Kartellierung ohne Schutzzölle nicht möglich ist, für solche agitieren. Daß sie aber das nicht tun bezw. bis vor kurzem nicht getan haben, beweist die Richtigkeit meiner Behauptung, daß die Ideen des extremen Individualismus bisher

noch zu sehr in ihnen festgewurzelt sind. Goldstein macht den großen
Fehler, zu glauben, daß die Unternehmer auch für die Ausfuhr kartelliert
sein müßten: „Man darf eben nicht vergessen, fährt er nämlich fort,[20]) „Man darf eben nicht vergessen, fährt er nämlich fort,[20])
daß den Auslandsmarkt und höhere Preise auf diesem ein Kartell nur
äußerst selten (Monopolstellung) garantieren kann". Das ist aber auch
gar nicht nötig. Je mehr die englischen Unternehmer exportieren, und
je mehr sie durch die deutschen Kartelle und amerikanischen Trusts
in ihrem Absatz geschädigt werden, — und Goldstein macht selbst auf
die Gefahr aufmerksam, die den englischen Unternehmern aus diesen
Vereinigungen erwächst — umsomehr müßten sie bestrebt sein, die
Konkurrenz im Inlande zu beseitigen, um dann, ebenso wie wir und
die Amerikaner es machen, im Auslande billiger anbieten zu können.[21])
Ferner ist zu bemerken, daß der Export gerade für die wichtigsten, bei
uns schon lange kartellierten Produkte gar keine Bedeutung im Verhältnis zum inländischen Konsum hat, insbesondere in Zeiten günstiger
Konjunktur, und Kartelle daher z. B. in den verschiedenen Rohstoffindustrien — Kohle, Roheisen, Zement etc. — schon längst hätten geschlossen werden können.

„Daß die Verringerung der Bedeutung des Exportes die Kartellbildung erleichtert", wie Goldstein behauptet, ist in dieser Allgemeinheit
ebenfalls falsch — wir werden vielmehr noch sehen, wie gerade im
Gegenteil die Notwendigkeit billigeren Exportes ein so großer Antrieb
zur inländischen Kartellierung ist — und es ist ebenso unmöglich, in
der großen Bedeutung, die der Export in England hat, eine Ursache
der schwachen Entwicklung des Kartellwesens zu sehen wie das Entstehen englischer Kartelle in der neuesten Zeit mit der Verringerung
dieser Bedeutung des Exportes zu erklären.[22]) Für letztere Tatsache
ist viel eher das Gegenteil eine Erklärung. Die Notwendigkeit, es
ebenso zu machen wie die Deutschen und Amerikaner, mittels Monopolbildung sich im Inlande höhere Preise zu sichern, um dann im
Ausland jede Konkurrenz unterbieten zu können, ist einer der Gründe,
welche neuerdings auch die englischen Unternehmer zur Monopolisierung
und gleichzeitig vielfach zur Forderung von Schutzzöllen treiben.

Sind diese Anschauungen Goldsteins also ganz von der Hand zu
weisen, so ist doch seinem zweiten Argument eher eine gewisse Berechtigung zuzusprechen. Er weist darauf hin, daß die Kartelle sich
in der Regel auf ein natürliches Absatzgebiet beschränken und an den
Grenzen desselben die Preise niedriger stellen, um die Konkurrenz ab-
zuhalten. Dies sei in England nicht möglich, weil die Seegrenze so

außerordentlich ausgedehnt ist und die Hauptabsatzgebiete eben an diesen Grenzen liegen, sodaß das natürliche Absatzgebiet im Inneren, wo wegen der hohen Transportkosten das Ausland nicht konkurrieren kann, von zu geringer Bedeutung sei. Ob das wirklich richtig ist, wird sich natürlich nur auf Grund genauer Kenntnis der englischen Frachtverhältnisse feststellen lassen. Es erklärt jedenfalls auch wieder nicht, warum z. B. im englischen Kohlenbergbau keine Kartelle wie bei uns zustande gekommen sind. Denn es ist klar, daß sich die Kohlenzechen von Wales kartellieren könnten ohne jene im Newcastler Gebiet, und auch ein Kartell aller Kohlengebiete Englands wäre sehr wohl möglich, ohne daß man gleich ausländische Konkurrenz zu fürchten hätte. Dasselbe gilt z. B. für Eisenstein, für Roheisen, überhaupt für viele Rohstoffe und Halbfabrikate, weil die eigenartige Konzentration zahlreicher englischer Industrien auf bestimmte Gebiete eine Kartellierung der ihnen die Rohstoffe liefernden Produzenten zweifellos erleichtert. Immerhin ist, wie gesagt, der erwähnte Gesichtspunkt auch in Betracht zu ziehen.

Im allgemeinen aber bleibe ich dabei, daß die geringe Entwicklung des Kartellwesens in England in erster Linie auf die Grundanschauungen der englischen Unternehmer, auf ihre starke Beeinflußung durch die Lehren des extremen Individualismus, deren Heimatland ja England ist, zurückgeführt werden muß. Daß dann, wo monopolistische Vereinigungen geschlossen werden, die nicht ausdrücklich als nur vorübergehend gedacht sind, sie zumeist die Form der vollständigen Fusion nach amerikanischem Vorbild annehmen, wird erklärt durch die englische Gesetzgebung, welche monopolistische Vereinbarungen als gegen die Gewerbefreiheit verstoßend, als contracts in restraint of trade, bezeichnet, ihnen die Klagbarkeit versagt und die Rückforderung geleisteter Sicherheit gestattet.

In der neuesten Zeit bewirkt aber die wachsende Konkurrenz des Auslandes, die größtenteils eine Folge der dortigen Monopolisierungen ist, wie erwähnt auch in England ein stärkeres Bedürfnis nach engerem Zusammenschluß der konkurrierenden Unternehmer. Dieses äußerte sich zunächst in der Bildung einer Anzahl von Trusts, aber daneben war doch immer auch das Bestreben vorhanden, eine den einzelnen in seiner Selbständigkeit mehr erhaltende und daher den englischen Anschauungen besser angepaßte Vereinigungsform zu finden. Da dies durch die Gesetzgebung erschwert war, blieben Kartelle immer auf ganz

lose Formen beschränkt, bis der Birminghamer Bettstattfabrikant E.
J. Smith eine Form fand, bei welcher die sonst durch Konventional-
strafen gewährleistete Sicherung der Monopolverträge durch Herein-
ziehung der Arbeiter in den Verband und durch die Verpflichtung derselben zu ausschließlicher Arbeit für die Kartellmitglieder gegen die
Verpflichtung dieser zur ausschließlichen Beschäftigung der Gewerk-
vereinsmitglieder herbeigeführt ward: die Allianzen. Hat die Entwicklung dieser speziellen Erscheinungen auch seit dem Jahre 1899, wo
ich sie kennen lernte, keine erheblichen Fortschritte gemacht. so scheint
doch der Grundgedanke, der ausschließliche Verbandsverkehr, auch
zwischen aufeinander angewiesenen Unternehmern, als Sicherungsmittel
der Monopole, in England, wie übrigens auch bei uns. neuerdings größere
Beachtung zu finden.

Was endlich in den übrigen Ländern den Zusammenhang der
Kartellbewegung mit den zollpolitischen Verhältnissen betrifft, so geht
auch aus ihrer Betrachtung hervor, daß man den Einfluß des Schutzzollsystems auf die Bildung monopolistischer Vereinigungen nicht gar
zu groß veranschlagen darf. Es sind nicht unbedingt die schutzzöllnerisch-
sten Länder, in denen die Kartellbewegung am weitesten vorgeschritten
ist. Wenn wir nur Europa in Betracht ziehen. kommen in Bezug auf
die Entwicklung des Kartellwesens nach Deutschland zunächst Österreich, dann Belgien, ersteres Land vielleicht, wenn man die Zahl und
Festigkeit seiner Kartelle mit seiner industriellen Entwicklung vergleicht,
Deutschland sogar übertreffend. In Österreich ist aber, wie in Deutschland, die erste Kartellbewegung als Folge der großen Krisis der 70er
Jahre entstanden, der Schutzzoll war auch hier nicht Veranlassung,
sondern nur Mittel. In Belgien sind ebenfalls die meisten Kartelle in
Zeiten ungünstiger Konjunktur entstanden, auch hat die große Kon-
kurrenz auf dem Weltmarkt die Bildung der zahlreichen internationalen
Kartelle veranlaßt, an denen Belgien beteiligt ist.[23]) In Frankreich,
Italien, Spanien, Schweden und Norwegen, Rumänien u. s. w. dürfte das
Verhältnis ähnlich sein: die Schutzölle erleichterten die Kartellbildung,
ihre Ursachen aber liegen tiefer.

Am meisten Einfluß auf das Entstehen monopolistischer Vereinigungen hat das Schutzzollsystem vielleicht in Rußland und in den
Vereinigten Staaten gehabt. In ersterem Lande hat die Regierung teilweise selbst dabei mitgeholfen, daß die Unternehmer durch Kartellbildung in den vollständigen Genuß der ihnen gewährten Zölle treten

konnten, in den Vereinigten Staaten hat der besonders stark entwickelte
Erwerbstrieb die Unternehmer selbst dazu gebracht, sich den Vorteil
der protektionistischen Politik des Landes nicht durch gegenseitige
Konkurrenz entgehen zu lassen, sondern die Zölle durch Monopolbildung
auch vollkommen auszunutzen. Im übrigen dürfte auch die Trustbildung
in der Hauptsache auf andere Ursachen, Konkurrenzkampf, kapitalistische
Spekulationen und Gründungswesen zurückzuführen sein und dem
Schutzzollsystem auch hier nur die Rolle zufallen, dieselbe zu erleichtern.[24]

Kapitel II.

Der Einfluss der Schutzzölle auf die Wirksamkeit der Kartelle.

Nachdem wir die Bedeutung der Schutzzölle für die Entstehung der Kartelle erörtert haben, erhebt sich die weitere Frage: Wie beeinflußen sie die Wirksamkeit derselben, welches ist ihre Bedeutung für die Politik der Kartelle? Dieser Einfluß des Schutzzollsystems auf die Kartellpolitik ist sehr erheblich, so erheblich, daß bei Vorhandensein von Kartellen auch die Bedeutung des Schutzzollsystems selbst eine ganz andere wird. Als es noch keine Kartelle gab, galt der Satz von List:[1] „Wenn der Schutzzoll für einige Zeit die inländischen Manufakturwaren verteuert, so gewährt er in Zukunft wohlfeilere Preise infolge der inländischen Konkurrenz." Unter dem Einfluß der Kartelle aber bleibt der Zoll nicht mehr ein Mittel, die Konkurrenz im Inlande anzuregen, vielmehr wird die Konkurrenz beseitigt, um den Zoll auszunutzen. Daß das durch die Kartelle geschieht, ist ganz klar. Fraglich ist nur, wann infolgedessen die Preise so hoch werden, daß die gesamte Volkswirtschaft dadurch geschädigt wird. Diese Preishöhe mit Sicherheit festzustellen, das ist das große Problem; gäbe es dafür ein Mittel, existierte die ganze Kartellfrage nicht. Aber es ist unmöglich, und unsere Aufgabe kann nur sein, die Art und Weise der Kartellpolitik unter dem Einfluß der Schutzzölle im einzelnen zu untersuchen, festzustellen, wie das Vorhandensein von Schutzzöllen die Kartelle in ihrer Politik beeinflußt. Wir haben also nicht zu fragen: sind in diesem oder jenem Falle die Kartellpreise zu hoch gewesen?, sondern: was für volkswirtschaftliche Vorgänge werden durch die Kombination von Schutzzöllen und Kartellen ausgelöst?

Feststehend ist zunächst folgender Ausgangspunkt: Während es ohne Kartelle vorkommen kann, daß die Preise im Inland trotz der

Schutzzölle ebenso niedrig sind wie im Auslande, eine Folge der Konkurrenz der inländischen Produzenten, ermöglicht das Kartell es ihnen, die Preise bis zu einer Grenze in die Höhe zu setzen, die dem Weltmarktpreise plus Zoll entspricht. Aber über die Frage, in welcher Weise das Kartell dies bewirkt, sind schon sehr viel falsche und unklare Vorstellungen verbreitet. Die weitverbreitete Ansicht geht nämlich dahin, daß diese Hochhaltung der Preise dadurch geschähe, daß möglichst viel exportiert werde, daß die Kartelle also im Inland eine Warenknappheit erzeugen, möglichst mit dem Angebot zurückhalten und zu diesem Zweck die überschüssige Produktion ins Ausland bringen. Die so erzielten hohen Inlandspreise ermöglichten es ihnen dann, im Ausland selbst mit Verlust zu verkaufen.

Damit kommen wir zur Frage der billigeren Auslandsverkäufe und der Wirkungen des Schutzzolls in dieser Hinsicht, einem der am meisten erörterten und am wenigsten geklärten Probleme des ganzen Kartellwesens. Die Unklarheit, die über diesen Gegenstand noch herrscht, rührt, wie wir noch sehen werden, daher, daß die sogenannte Frage der billigeren Auslandsverkäufe kein einheitliches Problem, sondern ein ganzer Komplex sehr verschiedenartig zu beantwortender wirtschaftlicher Fragen ist.

Die Auffassung, daß die Kartelle nur durch die Erzeugung einer künstlichen Warenknappheit im Inlande mittels Forzierung des Exportes die Preise in die Höhe schrauben, ist namentlich in der Zeit der Kohlennot 1899 und 1900 hervorgetreten. Diese Anschauung ist aber unrichtig und verkennt ganz das Wesen der Kartelle. Die Kartelle haben es als Monopolorganisationen nicht nötig, erst eine Warenknappheit, also ein Zurückbleiben des Angebotes hinter der Nachfrage zu erzeugen und dadurch die Abnehmer zu höheren Preisgeboten zu veranlassen, sondern sie können, natürlich innerhalb gewisser Grenzen, die Preise autonom, also ohne Rücksicht auf den augenblicklichen Stand der Nachfrage festsetzen. Tatsache ist übrigens, daß in der Kohlen- und Eisenindustrie die Nachfrage so groß war, daß die Produzenten vielfach ihre alten Beziehungen zum Auslande abbrachen, um den inländischen Markt zu versorgen. Denn auch ein Kartell ist nicht so dumm, im Ausland seine Produkte zu verschleudern, wenn es sie im Inland zu hohen Preisen verkaufen kann. Wenn durch Kartelle der Export gesteigert wird, was in der Tat häufig der Fall ist, so geschieht das nicht, damit im Inlande hohe Preise erzielt werden, sondern das Monopol ermöglicht hohe inländische Preise und nur soweit dadurch

der Konsum zurückgebt, wird ein Kartell den Export vergrößern. Der
größte Teil der Exportsteigerung bei einem Kartell wird aber durch
die stets in großem Umfange vorhandene Tendenz der Mitglieder zur
Vergrößerung ihrer Betriebe hervorgerufen werden, also auf einer
Steigerung der Gesamtproduktion beruhen, außerdem vielleicht
darauf, daß durch das Kartell eine gleichmäßige Verteilung des Anteils
am Inlandsabsatz herbeigeführt wird, und daher jedes Werk in den
Stand gesetzt wird, die Kosten des Exports zu tragen, während bei
freier Konkurrenz im Inlande und Schutzöllen dem Auslande gegenüber
jeder zunächst im Inlande verkaufen will, einige Unternehmer aber,
wenn das Angebot überwiegt, schließlich keinen Absatz mehr finden
und, da sie vom Export allein nicht leben können, zu Grunde gehen
müssen. Die Tendenz des Kartells, auch die Schwächeren am Leben
zu erhalten, bedeutet dadurch schon an sich eine Steigerung der Gesamtproduktion und damit eine Verstärkung des Exportbedürfnisses.
Aber nicht richtig ist es, diese Exportsteigerung als ein Mittel des
Kartells zur Erzeugung einer künstlichen Warenknappheit im Inlande
und dadurch hoher Preise anzusehen.

Wenn nun auch die Kartelle nicht nötig haben, durch Verstärkung
der Ausfuhr hohe Preise im Inland zu erzeugen, und die Steigerung
des Exports bei einem Kartell eher die Folge hoher Preise als das
Mittel zu solchen ist, so kann doch die große Bedeutung der Tatsache,
daß im Auslande viel billiger verkauft wird, nicht geleugnet werden.
Es ist auch zuzugeben, daß diese billigeren Auslandsverkäufe nur bei
einer Kombination von Schutzzoll und Kartellen auf die Dauer möglich
sind. Besteht kein Zoll, so kann zwar vorübergehend im Ausland
billiger angeboten werden, wie denn auch die englischen Eisen-
industriellen im Auslande billiger verkaufen, aber auf die Dauer ist
dies wenigstens in allen den Produkten, in denen auf dem Weltmarkt
starke Konkurrenz besteht, nicht möglich. Doch auch ohne ein inländisches Kartell wird es auf die Dauer keine billigeren Auslandsverkäufe geben. Denn wenn die Preise im Inland höher sind, wird jeder
suchen, seine Produktion im Inlande unterzubringen und dadurch wird
in der betreffenden •Exportindustrie bald eine solche Konkurrenz auf
dem inländischen Markt eintreten, daß sich die Preise denen des Auslandes gleich stellen werden. Vorübergehend jedoch ist es auch ohne
Kartelle möglich, daß ans Ausland billiger verkauft wird. Wenn ein
Werk Aufträge aus dem Auslande zu billigeren Preisen bekommt, wird
es dieselben annehmen, sofern es glaubt, seine Produktion im Inlande

doch nicht absetzen zu können. Auch daß ins Ausland ohne Gewinn verkauft wird, wird ohne ein Kartell nur ausnahmsweise vorkommen, z. B. infolge irrtümlicher Kalkulation, etwa zu niedriger Ansetzung der Rohstoffpreise bei Gelegenheit der Annahme von Exportaufträgen. Auf die Dauer aber wird es nicht möglich sein, vielmehr wird jeder Fabrikant vorziehen, das betreffende Quantum erst einmal im Inland auf den Markt zu bringen. Dies muß dann schließlich dazu führen, daß die Inlandspreise ebenso niedrig werden wie die im Auslande. Darin besteht ja gerade ein großer Nutzen der Kartelle für die Produzenten, daß sie diesen Preisdruck im Inland verhindern. Aber auch ohne Schutzzoll und mit Kartell sind billigere Auslandsverkäufe auf die Dauer unmöglich, ausgenommen solche Fälle, wo ein natürliches Monopol oder die Höhe der Transportkosten im Verhältnis zum Werte des Produkts wie ein Schutzzoll wirken. Im allgemeinen werden aber die ausländischen Exporteure und der inländische Handel dafür sorgen, daß ausländische Produkte zu billigeren Preisen eingeführt werden.

So viel steht also fest, daß Schutzzoll und Kartelle die Voraussetzung billigerer Auslandsverkäufe sind. Wie ist nun aber diese Maßregel zu beurteilen?

Man tadelt den billigeren Verkauf ans Ausland als eine Verschleuderung der nationalen Güter. Diese Ansicht wird heute in der wissenschaftlichen Literatur wie in der Presse so unendlich oft vertreten, daß es angezeigt erscheint, darauf näher einzugehen. Wann sind Verkäufe an das Ausland ungünstig zu beurteilen? Nehmen wir einmal den extremsten Fall an, daß dieselben ganz ohne Gewinn erfolgen. Die Anschauung, daß ein solcher Verkauf ohne Gewinn an das Ausland unter allen Umständen eine Schädigung des Nationalwohlstandes bedeutet, scheint mir höchstens dann zutreffend, wenn der erzielte Preis nicht einmal die Vergütung für die Kosten des Rohstoffs und für den Arbeitslohn enthält. Wenn aber ein Unternehmer, um sich Beschäftigung zu verschaffen, Arbeitskräfte und Betriebseinrichtungen auszunutzen, ohne Gewinn an das Ausland verkauft, so ist dies an sich einem Stillliegen vorzuziehen. Denn eine solche Fabrik gewährt den Arbeitern Beschäftigung, die ihren Lohn ausgeben und nicht der Armenpflege zur Last fallen, und sie gibt Rohstofflieferanten Aufträge, die wieder Arbeiter beschäftigen und an den Einkäufen jener verdienen. Demgegenüber kann es nicht ins Gewicht fallen, wenn derjenige Teil der Amortisationskosten, der auf das ins Ausland gebrachte Quantum entfällt, in dem daselbst erzielten Preise nicht vergütet wird. Der

Handelsminister Möller erklärte in der Zolltarifkommission bei Gelegenheit der Beratung über den Roheisenzoll am 1. August 1902: Man müsse bedenken, daß bei Lieferungen in das Ausland das Arbeitsquantum dem Inlande bleibe und das Kartell nur seine eignen Generalkosten ermäßige. In diesem Punkte handelten auch freihändlerische Länder, z. B. England, gleich; auch englische Firmen verkauften billiger an das Ausland. Größere Produktion ermäßigt eben die auf die Produkteneinheit fallende Quote der Generalunkosten. „Würden die Fabrikanten ihre aufgestapelten Warenvorräte nur zu den vorher kalkulierten Preisen verkaufen, so würden sich bei Fortsetzung des Betriebes die Vorräte zunächst immerfort vergrößern, was aus technischen Gründen unausführbar ist und endlich doch zu Betriebseinschränkungen und Arbeiterentlassungen führen müßte."[2]

Man ist nun geneigt, hier einen Unterschied zu machen zwischen Produkten des inländischen Bodens und Fabrikaten, und die Verschleuderung ersterer an das Ausland als eine Schädigung des Nationalreichtums zu bezeichnen. Aber mit Unrecht. Denn wenn Kohle faktisch nur so teuer verkauft wird, daß der Preis nur die Gewinnungskosten und nicht einmal die speziellen Amortisationskosten deckt, so ist das immer noch vorteilhafter, als wenn das Bergwerk stilliegt. Denn die Abnützung der Schachtanlagen ist bei einem nicht in Betrieb befindlichen Bergwerk eher noch schneller, und volkswirtschaftlich ist es vorteilhafter, daß heute Tausende von Arbeitern Beschäftigung haben, als daß der gesamte Kohlenvorrat Deutschlands erst in 500 Jahren anstatt in 490 erschöpft ist. Privatwirtschaftlich dagegen, für ein einzelnes Bergwerk kann der Verkauf, ohne daß die Amortisationskosten gedeckt werden, natürlich nachteilig sein; aber auch das wird nur höchst selten eintreffen, denn meist wird ja an den Auslandsverkäufen noch etwas verdient.

Jedenfalls liegt der volkswirtschaftliche Nachteil der billigeren Auslandsverkäufe ganz wo anders als in der Verschleuderung nationaler Güter. Denn wenn es nur möglich wäre, daß die betreffenden Produkte im Inland gerade so billig verkauft werden, würde niemand mehr von „Verschleuderung" reden. Aber da fehlt es gerade. Die Verkäufe ohne Gewinn ans Ausland, durch welche vielleicht nicht einmal die Amortisationskosten gedeckt werden, sind nur möglich, wenn im Inlande verdient wird, also hier die Konsumenten höhere Preise zu zahlen haben. Dies ist die Kehrseite der Sache. Ist dies nun unter allen Umständen nachteilig? Das ist die weitere Frage, die aber auch wieder

nicht einheitlich und allgemein mit einfachem Ja oder Nein zu beantworten ist. Es wäre nachteilig, wenn die Unternehmer 1. ihre ins
Ausland gebrachte Produktion zu den dort erzielten Preisen auch im
Inlande unterbringen könnten und wenn 2. die ausländischen Preise
den Bestand der Industrie in ihrem gegenwärtigen Umfange ermöglichten, sodaß nicht eine Anzahl Werke als konkurrenzunfähig zugrunde
gehen müßten. Würde letzteres eintreten, so müßte ja der Preis im
Inlande infolge verminderten Angebots schließlich steigen, und wir
hätten nach einer heftigen Krisis in der betreffenden Industrie eine
Verminderung der Betriebe und der beschäftigten Arbeiter, keinen Absatz im Auslande und doch keinen Vorteil für die Konsumenten. Es
tritt hier schon deutlich das Schlußergebnis hervor, zu dem wir am
Ende dieser Erörterungen gelangen müssen. Aber zunächst, wie steht
es mit dem ersten Punkt: Ist immer anzunehmen, daß das ins Ausland gebrachte Quantum zu den dortigen Preisen auch im Inland überhaupt untergebracht werden könnte? Es gibt doch Produkte, bei
welchen auch bei niedrigeren Preisen der Konsum kaum erheblich zu-
nehmen wird. In einer ungünstigen Konjunktur, wenn die Unternehmungslust gering ist, ist die Nachfrage nach manchen Maschinen
eben höchst beschränkt; wenn die Bautätigkeit gering ist, so wird dieselbe auch durch einen etwas billigeren Trägerpreis kaum angeregt;
der Staat baut deshalb nicht mehr Eisenbahnen, wenn die Schienen-
preise herabgesetzt werden. Sollen nun die Unternehmer ihr ganzes
Produktionsquantum im Inland anbieten? Dann werden sie eben infolge Überproduktion und Konkurrenz nichts verdienen und es vollzieht
sich der eben geschilderte Prozeß: einzelne Unternehmungen gehen zu
Grunde und die Preise werden schließlich doch steigen, aber nach einer
heftigen Krisis. Daher ist es immerhin zweckmäßiger, sie verkaufen
den Überschuß ins Ausland.

Bei Lebensmitteln und manchen Produkten des allgemeinsten Konsums ist es freilich anders. Hier kann durch billige Preise der Verbrauch ganz wesentlich gesteigert werden. Aber ich glaube, wenn in
solchen Industrien Kartelle bestehen, werden die Leiter derselben in
den meisten Fällen ihren Vorteil gut genug kennen, um die Preise so
festzusetzen, daß für sie der größte Gewinn herausspringt, bei welchem
also der Preis multipliziert mit dem Absatz die größte Ziffer ergibt.
So dürften z. B. die Leiter des Kohlensyndikats, dessen auf Hochhaltung
der Preise gerichtete Geschäftstätigkeit so vielfach angegriffen wird, der
Meinung sein, daß der Verbrauch bei niedrigeren Preisen nicht ent-

sprechend steigen würde. Dies wird auch gerade für solche Industrien gelten, die im Ausland billiger verkaufen müssen und denen es darauf ankommt, durch die inländischen Verkäufe auf ihre Kosten zu kommen. Sie werden nicht, wie man heute behauptet, ihre Ausfuhr möglichst zu steigern versuchen, sondern werden im Gegenteil immer darnach trachten, einen möglichst großen Teil ihrer Produktion im Inland abzusetzen, weil dann die Quote des Gewinns, die sie etwa bei Auslandsverkäufen zusetzen müssen, verhältnismäßig geringer wird. Nun ist natürlich nicht gesagt, daß diejenige Preishöhe, bei welcher der Ertrag der Unternehmer am größten ist, auch volkswirtschaftlich am vorteilhaftesten sei. Aber ich verteidige selbstverständlich, was ich streng festzuhalten bitte und was sich später noch deutlicher zeigen wird, überhaupt nicht die inländischen Preisfestsetzungen der Kartelle, vielmehr würde ich es für sehr erwünscht halten, wenn z. B. der deutsche Zucker in Deutschland so billig sein könnte wie in England. Aber ich habe folgendes dabei zu bemerken: Es ist keineswegs richtig zu behaupten, daß der im Auslande erzielte Preis der naturgemäße ist. Dies ist natürlich bei solchen Produkten, für welche staatliche Exportprämien gewährt werden, ohne weiteres klar, gilt aber auch, wie wir später noch sehen werden, ganz ebenso für diejenigen Produkte, welche infolge inländischer Kartelle private Exportprämien genießen. Es vermag aber niemand zu sagen, welches der volkswirtschaftlich zweckmäßigste Preis ist, und daß der Konsument keinen Anspruch darauf hat, den von irgend einem Produzenten in einem bestimmten Falle verlangten niedrigsten Preis allgemein zu genießen, ergibt sich schon daraus, daß ja die Produktionskosten verschieden sind und bei den niedrigsten Preisen im Zustand der Konkurrenz unter Umständen eine solche Anzahl von Unternehmern zu Grunde gehen müßte, daß der Preis von selbst steigen würde. Daraus geht schon hervor, daß es sehr zweifelhaft erscheint, ob die inländische Volkswirtschaft Vorteil davon haben würde, wenn die Produzenten gezwungen würden, im Inlande zu denselben Preisen wie im Auslande anzubieten. Vielmehr scheint mir, daß auch in einer solchen Industrie, in welcher der Absatz im Inland stark gesteigert werden könnte, wenn so billig wie im Ausland verkauft würde, das Verlangen, nun die Schutzzölle aufzuheben und damit dieselben Preise wie im Auslande herzustellen, noch keineswegs unter allen Umständen gerechtfertigt ist.

Bevor ich mich aber anschicke, darauf näher einzugehen, möchte ich in anderer Hinsicht ein Zugeständnis machen, nämlich daß in einer

solchen mit Schutzzöllen und Kartellen versehenen Industrie die Gewährung staatlicher Exportprämien, ja zum Teil selbst die Verbrauchs-
steuerrückvergütung überflüssig erscheint. Es ist dies leicht einzusehen.
Sobald in einer geschützten Exportindustrie ein Kartell entsteht, wird
der Schutzzoll selbst zu einer Art Exportprämie, einer Exportprämie,
die der Staat zwar nicht in bar zahlt, sondern gewissermaßen in einer
Anweisung auf die inländischen Konsumenten des betreffenden Produktes, also einer Exportprämie, die nicht die Steuerzahler, sondern
die Konsumenten des Kartellprodukts zahlen. Die staatlichen Exportprämien sollten daher entweder ganz aufgehoben werden, wo ein Kartell besteht, oder man könnte an eine gleitende Skala denken, sodaß
die Prämie im Verhältnis zum Steigen der Inlandspreise sich vermindern würde, wobei die Frage, ob ein Kartell besteht oder nicht, eventuell gar nicht aufgeworfen zu werden brauchte. Ja, auch wenn gar
keine Exportprämie bezahlt, sondern nur die inländische Verbrauchssteuer für exportierte Produkte zurückvergütet wird, könnte man einem
Kartell gegenüber eine solche gleitende Skala einführen. Sie ist einfach dadurch begründet, daß ein Kartell sich für seinen Export die
gezahlte Verbrauchssteuer schon selbst durch die hohen Inlandspreise
zurückvergüten läßt, sodaß, je höher dieselben sind, um so weniger
Veranlassung vorliegt, die Steuerzahler damit zu belasten. Auf diese
Weise würde die „Schädigung der Konsumtionskraft der Bevölkerung
für verbrauchssteuerpflichtige Gegenstände durch ein Kartell", welche
bekanntlich den österreichischen Kartellgesetzentwurf veranlaßt hat,
wenigstens einigermaßen kompensiert durch die geringere Ausgabe, die
die Steuerzahler für Rückvergütungen aufzuwenden hätten. Die gleichen
Gesichtspunkte werden auch zu gelten haben hinsichtlich der Tarif-
ermäßigungen für den Export kartellierter Produkte.

Der Gewährung staatlicher Exportprämien in einer geschützten
und kartellierten Industrie scheint damit das Urteil gesprochen, jedoch
ist noch nichts gesagt über die Bedeutung des Schutzzolls für Exportindustrien überhaupt. Ist der Schutzzoll überflüssig für Industrien, die
billiger an das Ausland verkaufen? Das ist die Frage, an die wir jetzt
heranzutreten haben.[3]) Sie ist bisher m. W. noch nicht näher erörtert
worden. Es ist das umso merkwürdiger, als sie schon die Grundlage
für mehrfach bei Gelegenheit der Zolltarifverhandlungen gestellte Ge-
setzesanträge gebildet hat. Die Sozialdemokraten brachten in der Zolltarifkommission sowohl bei der ersten wie bei der zweiten Lesung und
zuletzt im Reichstage am 4. und 5. November 1902 einen Antrag ein,

welcher lautete: „§ 1a. Der Bundesrat ist verpflichtet, die Zölle für vom Ausland eingehende Waren aufzuheben und deren Zollfreiheit zuzulassen, wenn die gleichartigen Waren von deutschen Verkaufsvereinigungen — Syndikaten, Trusts, Kartellen, Ringen oder dergl. — nach dem oder im Auslande billiger verkauft werden, als im deutschen Zollgebiet. Die getroffenen Anordnungen sind dem Reichstage sofort oder, wenn er nicht versammelt ist, bei seinem nächsten Zusammentritt mitzuteilen. Sie sind außer Kraft zu setzen, wenn der Reichstag die Zustimmung nicht erteilt." Ein ähnlicher Antrag, nur mit Beschränkung auf die Eisenkartelle, wurde ebenfalls von den Sozialdemokraten zu Position 777 des Entwurfes gestellt (am 29. Juli 1902). Er lautet: „Der Bundesrat ist verpflichtet, den Zollsatz außer Kraft zu setzen, sobald von Firmen, die dem Eisenkartell angehören, Roheisen und nicht schmiedbare Eisenlegierungen für das Ausland unter dem für das Inland festgesetzten Preis verkauft werden."

In diesen Anträgen, die sämtlich von der Regierung bekämpft und schließlich auch abgelehnt wurden, ist nichts anderes gefordert als das erwähnte Mittel der Zollherabsetzung gegenüber Kartellen nur auf bestimmte Fälle anzuwenden, nämlich nur bei billigerem Verkauf der Kartellprodukte an das Ausland. Nichts zeigt besser, wie groß die Unklarheit ist, die noch über das ganze Problem der billigeren Auslandsverkäufe besteht als diese Anträge, deren wirkliche Bedeutung die Antragsteller selbst gewiß nicht ermessen haben. Dem Verlangen, die Zölle für solche Produkte aufzuheben, die ins Ausland billiger verkauft werden, liegt doch der Gedanke zu Grunde, daß für die betreffende Industrie der Schutzzoll überflüssig sei. Die Antragsteller glaubten offenbar, den im Ausland erzielten Preis als den allein rechtmäßigen ansehen zu sollen und verlangten deshalb sofort vollständige Aufhebung des Zolles. Es leuchtet aber ein, daß die Tatsache des billigeren Verkaufs ans Ausland kein allgemeines Kriterium für die Überflüssigkeit eines Zolles ist. Eine Industrie, die niedrigere Produktionskosten hat als ihre Konkurrenten auf dem Weltmarkt, braucht allerdings keinen Zoll und kann trotzdem wenigstens um den Betrag der Produktionskostendifferenz im Auslande billiger verkaufen. Andererseits wird eine Industrie, die aus irgendwelchem Grunde höhere Produktionskosten hat als die gleichartige des Auslandes, einen Zoll nicht entbehren können, und zwar nicht um exportieren, sondern um überhaupt bestehen zu können. Aber, wird man jetzt einwenden, muß denn eine solche Industrie exportieren, ist es nicht besser, eine derartige konkurrenzunfähige Industrie gäbe den Export allmählich ganz auf und werde so vermindert, daß sie nur den inländischen Bedarf deckt?

Damit sind wir endlich zu der richtigen Fragestellung gelangt, von der aus wir an eine Lösung des ganzen Problems herantreten können: Sollen auch konkurrenzunfähige Industrien, Industrien mit höheren Produktionskosten, als den Weltmarktpreisen zu Grunde liegen, exportieren?

Auf den ersten Blick erscheint ein derartiger Export als etwas widersinniges und die Verminderung der betreffenden Industrie auf einen Umfang, daß sie höchstens für den inländischen Bedarf ausreicht, als eine selbstverständliche Forderung. Dieser Gedanke wird auch von zwei ganz entgegengesetzten, handelspolitischen Richtungen vertreten. Es gibt in der Wissenschaft bekanntlich eine Gruppe von National-ökonomen — an ihrer Spitze stehen Adolf Wagner und Carl Oldenberg —, die Deutschland vom Weltmarkt unabhängig machen wollen sowohl hinsichtlich der Lebensmitteleinfuhr als der Fabrikatenausfuhr. Wir haben es nur mit letzterer zu tun; auch sie sehen diese Industriepessi-misten als sehr gefährdet an, weil die ausländischen Staaten immer mehr dazu übergehen, eine eigene Industrie zu entwickeln. Sie ver-langen daher eine Verminderung unserer exportierenden Industrie auf eine Stufe, daß sie nur für den inländischen Bedarf ausreicht. Auf der anderen Seite aber stehen die Weltwirtschaftler und extremen Frei-händler und kommen mit ihrer Forderung möglichst vollkommener internationaler Arbeitsteilung, wonach in jedem Lande nur das produ-ziert wird, was dort am billigsten hergestellt werden kann, praktisch zu demselben Resultate, zur Beseitigung einer derartigen konkurrenz-unfähigen Industrie, jedenfalls zur Beseitigung ihres Exports. Aber trotz der auffallenden Übereinstimmung zweier so entgegenstehenden Rich-tungen unterliegt es doch m. E. erheblichen Bedenken, die Frage, ob in solchem Falle das Fehlen von Schutzzoll und Kartell wünschenswert wäre, ob ihr Vorhandensein also ungünstig ist und eine Industrie mit höheren Produktionskosten, als den Weltmarktpreisen entspricht, nicht exportieren dürfe, ohne weiteres zu bejahen. Vielmehr lassen sich ganz allgemein, ohne Eingehen auf bestimmte Industriezweige folgende Gründe anführen, welche im konkreten Falle sowohl die Erhaltung einer der-artigen Industrie überhaupt als auch ihres Exportes durch Schutzzoll und Kartelle rechtfertigen.

1. Für Schutzzoll spricht zunächst der Umstand, daß andere Staaten auch Schutzzölle haben und uns vielleicht den Export von Produkten

erschweren, in denen wir die Leistungsfähigsten sind. Eine einseitige
Aufhebung des Zolles wäre daher nur ein Geschenk für die ausländischen
Staaten. Sie könnte im besten Falle zwar den Fortschritt unserer In-
dustrie zu größerer Konkurrenzfähigkeit anregen, aber größer ist die
Gefahr ihrer Zurückdrängung durch den ausländischen, durch Zölle
geschützten Wettbewerb.

2. spricht für Schutzzölle der Umstand, daß wir nicht mit Sicherheit auf fortdauernde Zufuhr gewisser Produkte aus dem Auslande
rechnen können und daher einen Rückgang des betreffenden Gewerbes
auf jeden Fall verhindern müssen. Es ist dies ja das Hauptargument
für die Agrarzölle.

Die folgenden Gesichtspunkte sprechen dann namentlich für ein
Kartell, das also den Zoll voraussetzt, und für die Beibehaltung des
Exports vermittelst desselben, der aber nur zu niedrigeren Preisen
als im Inlande möglich ist:

3. Die Verdrängung oder starke Verminderung von Industrien, wie
sie bei Freihandel in weniger konkurrenzfähigen Ländern eintreten
würde, müßte Kapitalverluste und Krisen herbeiführen. Insbesondere wird jede stärkere Verminderung der Industrie, namentlich
wenn sie im Wege des Konkurrenzkampfes erfolgt und sich durch
Untergehen einiger Unternehmungen vollzieht, für die Arbeiter höchst
nachteilig sein. Es kann hier vorteilhafter sein, lieber im Inlande
etwas höhere Preise zu bezahlen und dafür die bisherige Ausdehnung
der Produktion beizubehalten, was durch den Export der im Inland
nicht absetzbaren Ware ermöglicht wird. Daß die gesamte Produktion
vielleicht im Inland verkauft werden könnte, wenn die Preise hier so
niedrig wären wie im Auslande, kann nicht genügen, die Forderung
nach Aufhebung der Schutzzölle zu begründen; denn wenn die Industrie
höhere Produktionskosten hat als die des Auslandes, kann sie eben auf
die Dauer nicht bestehen, wenn die niedrigen Auslandspreise auch im
Inlande gelten.

Eng damit zusammenhängend, aber von noch größerer Bedeutung
ist ein weiterer Gesichtspunkt:

4. in vielen Industrien ist der Export nur ein Mittel, die Unzu-
träglichkeiten zu beseitigen, die durch die Unregelmäßigkeit des
Bedarfs auf dem inneren Markt hervorrufen werden. Der Export
ist hier nur das Sicherheitsventil, durch welches derjenige Teil der
Produktion, der bei geringerem Inlandsbedarf und in ungünstigen Zeiten
hier nicht untergebracht werden kann, ins Ausland geschafft wird.

Bezeichnend dafür sind die Verhältnisse der Kohlen- und Koksproduktion, zumal es sich hier dem Ausland gegenüber nicht um ein durch Schutzzölle künstlich geschaffenes, sondern um ein natürliches, auf den Transportkosten beruhendes Monopol handelt. Die so viel angegriffenen billigeren Auslandsverkäufe, welche, wie erwähnt, nicht dazu dienen, im Inland eine Kohlenknappheit und damit hohe Preise zu erzeugen, sondern welche den Betrieb der Zechen und die Beschäftigung der Arbeiter einigermaßen aufrecht erhalten sollen, sind erforderlich geworden durch den infolge der wirtschaftlichen Depression gesunkenen Kohlen- und Koksverbrauch. Man erinnere sich an die Kohlen- und Koksnot vor drei Jahren. Damals konnte garnicht genug produziert werden, die Abnehmer trieben sich selbst die Preise in die Höhe. Das gleiche gilt auch für Roheisen. Die Werke gaben ihre langjährigen Beziehungen zum Auslande auf, um das Inland zu versorgen und von den höheren Preisen zu profitieren, und trotz der außerordentlichen Ausdehnung der Produktion warf man, natürlich mit Unrecht, den Syndikaten vor, daß sie künstlich dieselben zurückhielten, um die Preise zu steigern. Wenn es nach den Verbrauchern gegangen wäre, wäre die Produktion damals noch viel mehr vergrößert worden, als es tatsächlich der Fall war. Aber die Folge wäre gewesen, daß das Sicherheitsventil des Exports heute noch weit stärker benutzt werden müßte und der getadelte billige Verkauf ans Ausland jetzt noch einen viel größeren Umfang angenommen hätte. Nun sagt man freilich, wenn die Syndikate nicht auch nach der Krisis die Preise hochgehalten hätten, wäre der Verbrauch nicht so zurückgegangen und man brauchte heute weniger zu exportieren. Ohne die jetzigen Preisfestsetzungen der Kartelle in allen Punkten verteidigen zu wollen, glaube ich kaum, daß das in nennenswertem Umfang der Fall gewesen wäre. Das gilt insbesondere für den Verbrauch der Industrie. Denn die Unternehmungslust ist hier so gering, daß billigere Rohstoffpreise wohl kaum dieselbe viel angeregt hätten. Wenn nun heute diese Rohstoffindustrien im Interesse der Aufrechterhaltung ihrer Betriebe und der Beschäftigung der Arbeiter in größerem Umfange den Export pflegen, als das in Zeiten günstiger Konjunktur notwendig war, und wenn sie für diesen Teil der Produktion selbst keine ˙besondere Amortisationskosten in Anrechnung bringen, so ist das oft nur als eine vorübergehende Maßregel anzusehen, die bei steigender Nachfrage des Inlandes von selbst an Bedeutung verliert, aber dazu dient, die Versorgung des Marktes zu sichern und die im allgemeinen für die Volkswirtschaft nicht nachteilig ist.⁴)

5. Wenn schon aus den erwähnten Gründen ein billiger Verkauf ans Ausland nicht ohne weiteres ungünstig zu beurteilen ist, so zeigt eine fernere Betrachtung, daß insbesondere auch, wenn nichts beim Export verdient wird und daher das Ausland anscheinend niederere Produktionskosten hat, dennoch die Forderung, daß eine solche Industrie auf den Export verzichten solle oder gar überhaupt überflüssig sei, noch nicht als berechtigt erwiesen ist. Denn das ist wohl zu beachten; Unter den heutigen handelspolitischen Verhältnissen ist die Tatsache, daß beim Export nichts verdient wird, noch gar kein Beweis der Konkurrenzunfähigkeit der betreffenden Exportindustrie, noch gar kein Beweis, daß im Ausland die Produktionskosten geringer sind. Vielmehr muß man sich erinnern, daß die anderen großen Industriestaaten es gradeso machen wie wir, es ebenfalls vorteilhafter finden, für den Export Opfer zu bringen, als ihre Industrie auf den augenblicklichen Stand der inländischen Nachfrage herunter zu drücken. Wenn bei irgend einer internationalen Schienensubmission die Franzosen, Engländer, Belgier, Amerikaner unsere Konkurrenten sind, so geben auch sie, gradeso wie unsere Werke in ungünstigen Zeiten, ihre Offerten vielfach nur ab, um bessere Beschäftigung zu haben, und wenn die Preise dadurch so stark gedrückt werden, daß das deutsche Werk an ihnen nichts mehr verdient, so ist nicht gesagt, daß die Ausländer dabei auf ihre Kosten kommen. Zwar ist es sicher, daß insbesondere die Amerikaner manche Produkte viel billiger produzieren können als wir und daher im Auslande vielleicht auch ohne die staatlichen und privaten Exportprämien, die grade sie im größten Umfange gewähren, jede Konkurrenz schlagen könnten, aber deshalb brauchen wir doch noch nicht die Flinte ins Korn zu werfen und auf den Export zu verzichten. Denn ebenso wie bei uns in günstigen Zeiten der innere Markt in vielen Industriezweigen fast die gesamte Produktion aufnimmt, so ist es auch in Amerika, und da dort glücklicherweise die günstige Konjunktur noch zwei Jahre angehalten, nachdem bei uns der Umschwung eingetreten war, konnten wir unseren Export ziemlich ungehindert durch Amerika ausdehnen und bekanntlich sogar nach dort Eisen exportieren, dessen Einfuhr in Europa wir am meisten von Amerika aus zu fürchten haben. Vielleicht wird, bis in Amerika die Krisis eintritt, bei uns wieder der innere Markt von größerer Bedeutung werden und der starke Export von selbst zurückgehen.

Aber es ist überhaupt verkehrt, diesen Export als etwas ungünstiges anzusehen. Daß selbst der Verkauf ins Ausland ohne Gewinn noch

nicht die Konkurrenzunfähigkeit unserer Industrie beweist, dürfte nach
dem Gesagten klar sein, und ich glaube auch bewiesen zu haben, daß,
wenn eine Industrie teurer produziert als ihre Konkurrenten auf dem
Weltmarkte, aus den angeführten Gründen noch nicht ohne weiteres
das Verlangen gerechtfertigt ist, sie auf einen Stand zurükzuschrauben,
der dem augenblicklichen Inlandsbedarf entspricht oder gar durch Beseitigung der Schutzzölle ihre Existenz zu gefährden. Vielmehr glaube
ich, zeigen können, daß überhaupt auf die Frage, ob und zu welchen
Preisen exportiert wird, für die Beurteilung des Einflusses der Schutzzölle auf die Kartelle nichts ankommt.

Diese Behauptung wird vielen als sehr gewagt erscheinen gegenüber der Tatsache, daß heute fast täglich in der Presse über die durch
den Schutzzoll ermöglichten billigeren Verkäufe ins Ausland geklagt
wird und auch in der wissenschaftlichen Literatur diese Maßregel als
der schwerste Fehler der Kartelle hingestellt wird. Man wird nun nach
dem bisher Gesagten vielleicht zugeben, daß nicht in jedem Falle durch
billigeren Export eine volkswirtschaftliche Schädigung herbeigeführt
wird, und daß diese Maßregel daher nicht unbedingt zu verwerfen ist.
Aber man wird die Behauptung, daß der billigere Verkauf ins Ausland
für die Beurteilung des Einflusses der Schutzzölle auf die Kartelle gar
keine Bedeutung habe, mit dem Hinweis darauf bekämpfen, daß für
eine gewisse Gruppe von Abnehmern eine Schädigung durch diese
Maßregel doch unbedingt herbeigeführt werden müsse: für die Weiterverarbeiter der billiger ins Ausland verkauften Rohstoffe
und Halbfabrikate nämlich, die in ihrer Konkurrenzfähigkeit gegenüber den ausländischen Weiterverarbeitern geschädigt werden.

Dies ist die Form, in der die Lehre von den billigeren Auslandsverkäufen heute am häufigsten auftritt: sie schädigen die Konkurrenzfähigkeit der weiterverarbeitenden Industrie gegenüber dem Auslande.
Dieser Gedanke ist noch gar nicht alt. Noch 1896, als ich meine erste
Schrift über die Unternehmerverbände schrieb, ist mir noch nirgendwo
in der Literatur ein Beweis dafür entgegengetreten, daß man diese
Seite der Sache erfaßt hatte. Überall wird nur geklagt über die Verschleuderung der nationalen Güter ins Ausland. In dieser Klage besteht schon die erste öffentliche Erwähnung der Kartelle überhaupt:
Der Abgeordnete Eugen Richter brachte am 5. Mai 1879 im Reichstage zur Sprache, daß die Schienenwalzwerke, Waggons- und Loko-
motivfabriken sich kartelliert hätten und bei ausländischen Submissionen
ganz bedeutend niedrigere Preise als bei inländischen forderten.

Schienen sind dasjenige Produkt gewesen, bei welchem man am frühesten und am häufigsten darüber geklagt hat, daß sie ins Ausland billiger verkauft würden als im Inland. Aber gerade bei Schienen läßt sich leicht nachweisen, daß der billigere Verkauf ins Ausland an sich noch nicht als volkswirtschaftlich nachteilig betrachtet werden kann. Wenn wirklich in Portugal oder Rumänien oder in irgend einem anderen Staate unter dem Wettbewerb der übrigen Industrieländer Schienen für 85 Mark, was ungefähr der Weltmarktpreis ist, verkauft wurden, während sie im Inlande 115 Mark kosteten, so ist es zwar bedauerlich, daß im Ausland kein höherer Preis erzielt werden konnte, aber von einer Schädigung der inländischen Volkswirtschaft durch diese Verkäufe kann keine Rede sein, und das selbst dann nicht, wenn, wie das Mitte der 80er Jahre geschah, Schienen nach Holland, Spanien und Rumänien fast für die Hälfte billiger als im Inlande verkauft wurden. Eine Schädigung wird also, so weit haben wir das Problem schon eingeschränkt, nur herbeigeführt werden können für eine ganz bestimmte Klasse von Abnehmern, nämlich für die weiterverarbeitenden Exportindustrien des Inlandes, die in ihrer Konkurrenzfähigkeit gegenüber den ausländischen Weiterverarbeitern des kartellierten Produkts geschmälert werden können. Es kann die Weiterverarbeiter schädigen, wenn z. B., um einen der krassesten Fälle anzuführen, das Kokssyndikat, während im Inlande der Preis 17 Mark betrug, nach Österreich für 8,10 Mark lieferte, oder wenn Bleche zu 102,50 Mark ins Ausland verkauft werden, während im Inlande 150 Mark gefordert werden, oder Stangeneisen 100 Mark pro Tonne beim Export kostet gegen 125 Mark im Inlande.

Aber sehen wir uns die Sache genauer an, so ist es auch hier nicht die billigere Ausfuhr, welche die Weiterverarbeiter in ihrer Konkurrenzfähigkeit beim Export schädigt. Denn diese Verkäufe erfolgen ja fast stets in Konkurrenz mit anderen ausländischen Anbietungen, und unsere Exporteure werden deren Preise natürlich nur eben so weit unterbieten wie nötig ist, sich den Auftrag zu verschaffen. Hätten wir also nicht verkauft, so hätten andere Staaten jenen ausländischen Weiterverarbeitern den Rohstoff nicht viel teurer geliefert. Aber auch wenn wir beim Export des Rohstoffes keine Konkurrenz zu bekämpfen hatten, werden wir doch den im Ausland herrschenden Preis nur eben so weit unterbieten, wie nötig ist, uns den Absatz zu sichern. Daraus ergibt sich die wichtige Schlußfolgerung: Die Konkurrenzfähigkeit unserer weiterverarbeitenden Industrie im Auslande würde

auch nicht besser sein, wenn die Rohstoffindustrien gar
nicht exportierten. Eine weiterverarbeitende Industrie kann in
ihrer Konkurrenzfähigkeit im Auslande geschädigt werden, wenn die
kartellierten Rohstofflieferanten auch noch niemals das Geringste
exportiert haben. Nicht auf die beim Export erzielten
Preise also kommt es an, sondern einzig und allein auf die Ih-
landspreise des Kartells.

Wenn so häufig jetzt die weiterverarbeitenden Industrien klagen,
daß ihnen der Export dadurch erschwert wird, daß die Rohstofflieferanten
so viel billiger ans Ausland verkaufen, so beruht dies also auf einer
Verkennung der Sachlage, und sie richten ihre Angriffe nicht auf den
richtigen Punkt. Nicht die Auslandspreise sind es, die ihnen die Konkurrenz erschweren — denn die deutschen Rohstofffabrikanten fordern
eben im Ausland nur die Weltmartktspreise, und wenn sie nicht lieferten,
würden auf dem Weltmarkt die Preise nicht viel höher sein — sondern
es sind nur die Inlandspreise der kartellierten Rohstoffproduzenten,
die die Verarbeitung verteuern und damit die Konkurrenzfähigkeit der
Weiterverarbeiter im Auslande vermindern. Daher kann die Schädigung
der Weiterverarbeiter genau so groß sein, wenn die Rohstoffproduzenten
gar nicht exportieren.[5]) Denn wenn z. B. unsere Kohlen- und Roheisenindustrie gar nicht exportierte, was in Zeiten starken Inlandsbedarfs
vorkommen kann, so ist es klar, daß die Verbraucher und Weiterverarbeiter durch die monopolistischen Preisfestsetzungen dieser Syndikate ebenso geschädigt werden können. Wenn die deutschen Schiffs-
werften klagen, daß ihnen die Konkurrenzfähigkeit gegenüber dem
holländischen Flußschiffbau dadurch vermindert werde, daß die kartellierten deutschen Walzwerke Schiffsbleche billiger in Holland verkaufen als in Deutschland, so würde ihre Lage wahrscheinlich keine
bessere sein, wenn das Grobblechsyndikat überhaupt nicht exportierte,
aber im Inland über den Weltmarktpreis weit hinausgehende Preise
forderte. Denn die holländischen Werften würden dann von anderen
Staaten fast ebenso billig wie jetzt von Deutschland kaufen können.
Es ist eben auch hier daran zu erinnern, daß auch andere Staaten im
Auslande billiger kaufen. Allerdings ist es möglich und tatsächlich
vorgekommen, daß die deutschen Werke bei Lieferungen ans Ausland
nicht mit ausländischen, sondern nur mit anderen deutschen Werken
konkurrierten und diese dann im gegenseitigen Wettkampf die Preise
unter die sonst im Auslande geltenden herabdrückten. Um diese gegenseitige Konkurrenz deutscher Werke im Ausland zu verhindern, ist

daher Kartellierung auch für den Export erforderlich, und solche Vereinigungen sind neuerdings auch mehrfach zu stande gekommen (z. B. für Schienen und Grobbleche) und weitere sind geplant.[6])

Im allgemeinen aber gilt, daß die Auslandspreise durch die Konkurrenz mehrerer Staaten bestimmt werden. Denn der internationale Handel ist heute so ausgedehnt und umfaßt so viele Produkte, daß es für fast alle Artikel Weltmarktpreise gibt, über die hinaus man ins Ausland nicht verkaufen kann. Aber, wie gezeigt, kommt es garnicht darauf an, ob Rohstoffe exportiert werden. Die Konkurrenzfähigkeit der Weiterverarbeiter wird allein durch die hohen Inlandspreise der kartellierten Rohstoffindustrien erschwert. Dies sollte man endlich erkennen, das Übel da angreifen, wo es sitzt, und nicht immer gegen den Export ankämpfen, der für Deutschland nützlich ist und für den selbst das Opfer etwas höherer Preise im Inlande wohl gebracht werden könnte. Es gilt, was ich schon 1896 ausführte: „Wir müssen daran festhalten: der billige Export unserer Industrien, wie er durch die Kartelle in gewissem Grade gefördert wird, erhält und erhöht die wirtschaftliche Machtstellung Deutschlands im Auslande. Eine Schmälerung der Konkurrenzfähigkeit der weiterverarbeitenden Industrien denen des Auslandes gegenüber wird nicht durch ihn, sondern durch die hohen Preise bewirkt, welche die Rohstoffproduzenten vermittelst der Kartelle zu erzielen vermögen. Wenn einmal derartige Wirkungen von längerer Dauer sich zeigen sollten, so müssen eben gegen die betreffenden Kartelle, wie überhaupt gegen allzu hohe Preisfestsetzungen, sobald die natürlichen Korrektionen versagen, Maßregeln ergriffen werden."

Jedenfalls, wenn die Kartelle schädlich sind, sind sie es allein durch ihre hohen Preisfestsetzungen im Inlande und ich bin, wie gesagt, der letzte, dieselben in jedem Fall billigen zu wollen.[7]) Sie sind es aber nicht durch ihren Export. Wenn man sich das klar gemacht hätte, dann hätten z. B. die Sozialdemokraten ihre unbedachten Anträge, die Zölle auf Waren aufzuheben, die im Auslande durch deutsche Kartelle billiger verkauft werden, nicht stellen können. Dann hätten sie erkennen müssen, daß der billigere Verkauf ans Ausland kein Kriterium für die Schädlichkeit eines Kartells und für die Berechtigung, den Schutzzoll aufzuheben, bedeutet.

Die Ursachen des Übels, der ungünstigen Wirkungen eines Kartells sind also sehr einfach festzustellen, viel einfacher, als man es sich

machte, indem man die Frage der billigeren Auslandspreise, was nach
dem eben Gesagten überhaupt keine Frage ist, hineinzog und dadurch
die Sachlage unnötig komplizierte: die ungünstigen Wirkungen eines
Kartells beruhen immer auf übermäßig hohen Inlandspreisen.

Daß die Kartelle aber durch hohe Inlandspreise die Weiterverarbeiter in ihrer Konkurrenzfähigkeit schädigen können, das wird
von ihnen selbst anerkannt. Denn immer größere Ausdehnung gewinnt
die Maßregel, daß die Rohstoffkartelle den Weiterverarbeitern Exportvergütungen bezahlen, also für den in den ausgeführten Produkten
steckenden Rohstoff einen Teil des gezahlten Preises zurückvergüten.
Zuerst geschah das m. W. im Jahre 1882, als das rheinisch-westfälische
und das Siegerländer Roheisenkartell — Syndikate bestanden damals
noch nicht — für das zum Export zu verarbeitende Roheisen den
Walzwerken einen Preisnachlaß gewährten, ebenso 1888 der Walzdraht-
verband den Ziehereien. Zuerst waren dies immer nur vorübergehende
Maßregeln. Eine regelmäßige Einrichtung wurden die Exportvergütungen erst mit Gründung des Koks- und dann des Kohlensyndikats in
ihren heutigen Formen. Seit 1892 bezw. 1893 sind solche Ausfuhrvergütungen eine ständige Einrichtung geworden und neuerdings in
ein einheitliches System gebracht, indem die verschiedenen Verbände
im Juni 1902 eine gemeinsame Abrechnungsstelle für Ausfuhrvergütungen
in Düsseldorf geschaffen haben.

Sofern eine solche Vergütung den Herstellern von Halbfabrikaten
durch die kartellierte Rohstoffindustrie gezahlt wird, hat sie auch nur die
Wirkung, daß diesen der Export erleichtert, den Weiterverarbeitern
der Halbfabrikate aber die Konkurrenz im Auslande erschwert wird.
So können, wenn das Kokssyndikat den Roheisenproduzenten eine Vergütung gewährt, diese billiger exportieren, die Halbzeugfabrikanten
aber werden geschädigt; wird auch ihnen eine Vergütung gewährt, so
wird den Walzdrahtherstellern der Export erschwert, und wenn diesen
Exportvergütung gezahlt wird, den Drahtstiftfabrikanten. Daher muß
eine solche Exportvergütung durch sämtliche Produktionsstadien hinduch
gehen.[8]) Das ist aber schwer zu erreichen, namentlich weil die Fertigprodukte nicht alle kartelliert sind. Immerhin verstärken die Rohstoffkartelle, indem sie in der Regel nur an Verbände ihre Exportvergütungen
bezahlen, die Tendenz zur Kartellierung. Aber die ganze Maßregel
ist jedenfalls sehr umständlich und genügt doch nicht, um die
inländischen Weiterverarbeiter den ausländischen vollständig gleich zu
stellen.

Jedenfalls ist eine Schädigung der Weiterverarbeiter durch die hohen Preise der Rohstoffkartelle ganz ebenso zu beurteilen und wirtschaftspolitisch zu behandeln, wie eine Schädigung der Abnehmer überhaupt; denn der Hauptnachteil der Monopole, die Autonomie in den Preisfestsetzungen, zeigt sich hier eben nur in einer bestimmten Richtung. Es müssen daher auch zum Schutze der Weiterverarbeiter eventuell dieselben Maßregeln ergriffen werden, die überhaupt gegen die übermäßigen Preisfestsetzungen der Kartelle in Betracht kommen. Von denjenigen auf dem Gebiete der Zollpolitik und den Bestrebungen einer internationalen Verständigung darüber wird im nächsten Kapitel noch zu reden sein, hinsichtlich der übrigen muß ich auf meinen Aufsatz in Conrads Jahrbüchern: „Was kann heute den Kartellen gegenüber geschehen?" verweisen. Auf die Maßregeln, die insbesondere zum Schutze und zur Förderung der weiteren verarbeitenden Industrien angewendet werden können, wird unten in Anmerkung 11 zum dritten Kapitel näher eingegangen werden.

Diese ganzen Verhältnisse, also nicht die billigeren Auslandsverkäufe, von denen wir als bedeutungslos jetzt absehen, sondern ausschließlich die hohen Kartellpreise im Inlande, welche der Schutzzoll ermöglicht, haben übrigens aus sich selbst heraus, also ohne die staatlichen und internationalen Maßregeln, die ja erst in den Anfängen stehen, Entwicklungserscheinungen hervorgebracht, welche es wahrscheinlich machen, daß in Zukunft vielleicht wieder eine größere Gleichmäßigkeit hinsichtlich der Preisgestaltung mancher Produkte in verschiedenen Ländern eintreten wird, oder welche doch die Bedeutung der Preisverschiedenheiten abschwächen. Es wirken dahin zunächst die internationalen Kartelle, Verständigungen zwischen den gleichen Produzenten verschiedener Staaten. Ich habe 1897 eine Liste der damals bekannten internationalen Kartelle gegeben; sie ließe sich heute ganz bedeutend vergrößern. Allerdings sind es überwiegend kleinere Spezialindustrien, bei denen, wie das natürlich ist, internationale Verständigung über die Preise am leichtesten möglich war. Die anderen internationalen Kartelle, insbesondere die der großen Rohstoffindustrien, beschränken sich größtenteils noch auf Gebietsabgrenzungen, kommen also von unserem Gesichtspunkte aus nicht in Frage. Denn es kommt, wie auch hier wieder deutlich hervortritt, nur auf die Inlandspreise der Rohstoffe, nicht auf den Export an, und unsere Eisenwerke können in ihrer Konkurrenzfähigkeit gegenüber den belgischen durch die höheren Kokspreise des Inlandes geschädigt werden, wenn auch der Vertrag mit dem belgischen Kokssyndikat den deutschen Koks daselbst vollständig ausschließt. Immerhin haben schon internationale Kartelle der großen weiterverarbeitenden Industrien (z. B. für Schienen, Draht) bestanden, und wo solche gelingen, selbst nur für die Verkäufe nach dritten Ländern, ist es schon von geringer Bedeutung, ob auch die Rohstoffindustrien gleiche Preise halten. Die größte und wichtigste derartige internationale Verständigung ist bisher, abgesehen von dem Dampfertrust, der hier nicht in Betracht kommt, der Dynamittrust, der Fabriken in verschiedenen Ländern besitzt und mit zahlreichen anderen, insbesondere der großen, auch ganz internationalen société centrale de la dynamite Kartellverträge abgeschlossen hat.

Übrigens gibt es auch außerhalb der Monopole Beispiele dafür, daß man die ungünstigen Folgen, die starke Preisverschiedenheiten der Rohstoffe in verschiedenen Ländern für die Weiterverarbeitung haben können, zu überwinden versucht. Huber macht darauf aufmerksam,[9]) daß aus diesem Grunde vielerorts das Bestreben vorhanden sei, die Fabriken von den Rohstoffzentren an die Wasserstraßen zu verlegen. Dies nehme in Belgien, wo die Industrie fast untrennbar an die großen Kohlenzentren gebunden war, ständig zu, und die Werke sind dann in der Lage, fremde Kohle zu verwenden.

Wichtiger als dies ist aber eine andere Erscheinung, die **wachsende Ausbreitung großer Einzelunternehmungen über verschiedene Länder**. Die Tendenz dazu, bisher wenig beachtet, ist außerordentlich im Wachsen begriffen. Es gibt ganz internationale Unternehmungen, die in allen wichtigeren Staaten Werke besitzen. Eines der großartigsten Beispiele sind die Unternehmungen des Sodakönigs E. Solvay. Unsere großen Elektrizitätswerke, zahlreiche Eisenwerke und Maschinenfabriken aller Art, von Lokomotiv- bis zu Fahrradfabriken und solchen für Feinmechanik, die größten Feldbahn-, Draht-, Ofen-, Chamotte-, Zement-, Seide-, Sammt-, Band-, Zellstoff-, Filz-, Seilfabriken etc. besitzen Filialen und eigene Unternehmungen in anderen Ländern; Schweizer Baumwoll-, Seide-, Nährmittel- und Schokoladefabriken haben Werke in Deutschland, Frankreich, Österreich und Italien; englische Seifenfabriken, Fabriken landwirtschaftlicher Maschinen und solche für zahlreiche Textilprodukte haben Werke in fremden Staaten, und die Zahl derartiger internationaler Unternehmungen ist eine so außerordentlich große, daß hier nicht einmal die einzelnen Industrien aufgezählt werden können. Es gibt übrigens ganze Unternehmungszweige, die so einen vollständig internationalen Charakter auf-

weisen, weil die wichtigsten Werke sich über verschiedene Staaten ausdehnen, wie die Asbest-, Gummi-, die Pinsel-, die Aluminiumindustrie,
die Industrie der Knochenverarbeitung, und ganz besonders zahlreiche
Spezialzweige der chemischen Industrie. Es leuchtet ein, daß durch
solche Errichtung internationaler Unternehmungen die Bedeutung der
Zollverhältnisse fremder Staaten erheblich vermindert wird. Solche
Unternehmungen werden immer unabhängiger von den Zöllen des Auslandes und haben, je mehr sie sich ausdehnen, umsoweniger zu fürchten, daß die Preisfestsetzungen der Rohstoffindustrien sie in ihrer
Konkurrenzfähigkeit in den verschiedenen Ländern schmälern. Es ist
daher kaum zu bezweifeln, daß diese Entwicklung in Zukunft noch
weitere Fortschritte machen wird. Die Tatsache der Errichtung eige-
ner Werke im Ausland, der Investierung deutschen Kapitals in ausländischen Unternehmungen ist natürlich eine Folge der schutzzöllnerischen Absperrungspolitik vieler Staaten, im letzten Grunde aber,
ebenso wie diese nur die Folge der gesteigerten internationalen Konkurrenz.[10])

Von noch größerer Bedeutung für die Zukunft erscheint aber eine
dritte Entwicklungstendenz, welche durch die Kartelle und ihre durch
die Schutzzölle ermöglichten hohen Inlandspreise gefördert wird, die
Tendenz zu Kombinationen.[11]) Unter Kombinationen verstehe ich
jede Verbindung verschiedener, sonst im allgemeinen Gegenstand
mehrerer Unternehmungen bildender Produktionsstadien in einer Unternehmung, also nicht etwa nur die, die im Wege der Fusionierung
zweier bisher selbständiger Unternehmungen entsteht. Kombination
und Fusion sind also zwei sich teilweise deckende Begriffe. Denn
man kann die letztere Bezeichnung nicht auf die Verschmelzung von
Unternehmungen nur gleicher Art beschränken, weil ein großer Teil
der mit einer Fusion verbundenen ökonomischen Erscheinungen, die
kapitalistischen, finanziellen, gründungstechnischen auch bei der Verschmelzung voneinander abhängiger Unternehmungen auftreten. Dagegen kann der Begriff der monopolistischen Fusion oder des Trust
nur die Verschmelzung von Unternehmungen gleicher Art bedeuten,
und es ist im Interesse wissenschaftlicher Klarheit dagegen zu protestieren, wenn neuerdings jede größere Fusion oder Kombination als
Trust bezeichnet wird, ebenso, wenn man von vertikalen und horizon-
talen Trusts spricht.[12]) Die vertikale Zusammenfassung von Unternehmungen, oder besser ausgedrückt die Zusammenfassung verschiedener
Produktionsstadien in einer Unternehmung, schafft niemals ein Monopol,

sondern kann höchstens zur Stärkung eines schon vorhandenen (z. B. durch Fusion entstandenen) dienen.

Diese Kombinationen sind zu einem großen Teile unter der Einwirkung der Rohstoffkartelle entstanden.[16]) Indem Kohlen, Roheisen, Halbzeug bis zu den fertigen Produkten in derselben Unternehmung hergestellt werden, wird der Preis des fertigen Produkts unabhängig von den Preisfestsetzungen der Rohstoff- und Halbfabrikatskartelle und allein bestimmt durch die Produktionskosten der betr. Rohstoffe innerhalb der Unternehmung. Das kommt diesen Werken aber nicht nur für den Export zu statten, sondern ganz besonders auf dem inländischen Markte. Gegenüber diesen sogenannten gemischten Werken haben dann z. B. die reinen Walzwerke oder alle anderen Weiterverarbeiter, die die Rohstoffe von den Kartellen kaufen müssen, einen schweren Stand. Hierbei zeigt es sich wieder deutlich, daß es nicht auf die Auslandsverkäufe der Rohstoffkartelle ankommt, daß es vielmehr ganz gleichgültig ist, ob dieselben exportieren oder nicht, sondern daß es allein die hohen Inlandspreise sind, welche den reinen Weiterverarbeitern die Konkurrenz mit den kombinierten Betrieben auf dem inländischen Markte erschweren. Und diese Konkurrenz auf dem inländischen Markt ist denselben unendlich viel wichtiger als die Konkurrenz beim ausländischen Absatz. Wenn manche unserer reinen Walzwerke heute in so trostloser Lage sich befinden, so liegt das nicht an der Konkurrenz im Auslande, sondern an der der kombinierten Unternehmungen, denen die hohen Preise der Rohstoffkartelle nicht die Produktionskosten verteuern. Diese verhindern dann auch oft, daß für die Fertigprodukte sich Kartelle bilden, weil sie dieselben viel billiger herstellen können und kein Interesse daran haben, die reinen Weiterverarbeiter am Leben zu erhalten. Die Bildung solcher Kombinationen wird daher wohl noch weiterhin eine große Rolle spielen und ist in der Tat als ein Fortschritt auf dem Wege der Verbilligung der Produktionskosten zu betrachten. Sie hat deswegen auch eine große Bedeutung für die Erhöhung unserer Konkurrenzfähigkeit gegenüber anderen Staaten, von denen namentlich Amerika mit seinen Riesenunternehmungen dasselbe Ziel verfolgt. So entwickelt das wirtschaftliche Leben aus sich selbst heraus neue Organisationen, bei welchen die bisher zu Tage getretenen Mängel beseitigt sind, und was auf den ersten Blick nur als Mittel einseitiger Interessenpolitik und für die gesamte Volkswirtschaft höchst schädlich erscheint, das wird zum Keime des Fortschritts und, indem es verhindert, daß wir hinter

anderen Nationen zurückbleiben, zum Nutzen für unsere Volkswirtschaft.

Ich habe diese verschiedenen Entwicklungstendenzen, die sich heute
in der deutschen Volkswirtschaft bemerkbar machen und die ich seit
langem eingehend verfolge, hier kurz skizziert, einerseits um zu zeigen,
daß das Schutzzollsystem kein Hemmnis des wirtschaftlichen Fortschritts
ist, sondern daß mancherlei Keime desselben zu beobachten sind,
andrerseits um darauf aufmerksam zu machen, was viele zu verkennen
scheinen, daß auch bei uns mit den Kartellen die Entwicklung nicht
abgeschlossen ist, daß vielmehr gerade aus ihnen bezw. unter dem
kombinierten Einfluß von Schutzzöllen und Kartellen neue Organisationen entstehen.

In neuester Zeit haben nun einige Nationalökonomen die Ansicht
vertreten, daß die zweckmäßigste Produktionsorganisation allein der
Trust nach amerikanischem Muster sei, und daß wir möglichst schnell
zu solchen gelangen müßten. [14]) Dabei unterläuft aber wieder die eben
besprochene Verwechslung zweier ganz verschiedener Erscheinungen:
der Kombinationen und der Fusionen. Manche der sog. Trusts, die
meisten, sind gar keine Monopole, sondern nur Fusionen ohne monopolistischen Charakter, andere, wie z. B. die Federal steel Company
sind im Wege der Fusion und Kombination entstanden, indem zu den
fusionierten Betrieben rohstoffproduzierende oder weiterverarbeitende
Werke hinzu erworben wurden, wieder andere sind monopolistische
Fusionen, aber keine Kombinationen, wie der Wisky- und der Zucker-
Trust, einige wenige endlich, wie die United steel Cy, sind monopolistische Fusionen, die sich außerdem noch rohstoffproduzierende
oder weiterverarbeitende Werke oder Transportanstalten angegliedert
haben. Niemals aber ist die Kombination das für den Trust Wesentliche,
und es ist daher ganz unwissenschaftlich, deswegen, weil einige Trusts
außer der Fusion der meisten bisher konkurrierenden Unternehmungen,
durch die sie entsanden sind, noch im Wege der Kombination andere
Produktionsstadien sich angliedern, nun auch den letzteren Vorgang,
der ebensogut bei einer einzelnen Unternehmung erfolgen kann, als
Trust zu bezeichnen. Solange man beides nicht auseinander hält, haben
solche Urteile wie: wir müssen zu ähnlichen Bildungen wie die amerikanischen Trusts gelangen, gar keinen Wert, denn es bleibt ganz
unklar, was man hier unter Trust versteht. Wenn wir klar sehen und
klare Urteile abgeben wollen, haben wir die verschiedenen Entwicklungstendenzen, die wir oben angedeutet haben, zu unterscheiden

Dann ist, vom heutigen Standpunkt wenigstens, noch garnicht gesagt, daß gerade der Trust, also die monopolistische Fusion, die zweckmäßigste Produktionsorganisation ist. Vielmehr ist nicht einzusehen, weshalb nicht z. B. das Vorhandensein weniger großer Betriebe, die miteinander in Kartell stehen, ebenso zweckmäßig sein kann, und warum sie gerade alle eine einzige Gesellschaft bilden müssen. Welchen Vorzug hat es, wenn alle deutschen Eisenwerke zu einer einzigen Riesengesellschaft vereinigt sind? Selbst, wenn es deren mehrere gibt, ist die umfassendste Angliederung vorausgehender und nachfolgender Produktionsstadien in größtem Umfange möglich, dabei aber werden zahlreiche Vorzüge der bisherigen Organisation gewahrt (größere lokale Konzentration der einzelnen Unternehmungen, bessere Übersichtlichkeit, geringeres Risiko bei der Auswahl des obersten Leiters u. s. w.). Wohlgemerkt, ich vergleiche nicht die Kartelle in Bezug auf ihre ökonomische Wirksamkeit mit den Trusts,[15]) ich stelle dem Trust nur die Gesamtheit der oben unterschiedenen und kurz skizzierten Entwicklungstendenzen gegenüber, zeige, wie sie durch Kartelle in Verbindung mit unserem Schutzzollsystem angeregt werden, und glaube, daß wir auch auf diesen verschiedenen Wegen und nicht, indem wir nur eine einzige der mannigfachen heute vorhandenen Entwicklungstendenzen uns potenziert denken, zu einer zweckmäßigen industriellen Organisation gelangen können.

Also nicht nur ein einziger Weg, der der Trustbildung, führt zum Ziel — daß diese Ansicht so verbreitet ist, erklärt sich aus dem großen Einfluß, den die sozialistischen Ideen, die ja in den Trusts die letzte Vorstufe zur Verstaatlichung der Produktionsmittel erblicken, noch auch viele Nationalökonomen haben —, nicht werden die Trusts die Kartelle vollkommen verdrängen, ebensowenig wie die Großindustrie das Handwerk ganz beseitigt hat, und nicht liegt das Endziel schon klar vor unseren Augen, sondern mannigfaltig sind die Endwicklungstendenzen, und wer weiß, wie viel neue noch von jenen wieder hervorgebracht werden. Darin liegt gerade die Bedeutung der Kartelle von diesem Standpunkte aus, daß sie Übergangserscheinungen sind, nicht in dem Sinne, als ob sie später ganz vor vollkommeneren Organisationen, eben den Trusts, verschwinden werden, sondern Übergangserscheinungen, weil sie bestimmt sind, diese Entwicklung langsamer, ruhiger und milder zu gestalten.

Und in genau der gleichen Richtung wirkt auch das Schutzzollsystem, das die Kartelle bei dieser ganzen Entwicklung unterstützt. Auch der Schutzzoll ist heute ein Mittel, um den

Übergang zu einer neuen Organisation des Wirtschaftsleben sicherer und von außen weniger gestört sich vollziehen zu lassen. Es mag ja sein, daß der Freihandel in derselben Richtung wirken würde. An sich ist auch der Freihandel mindestens ebenso geeignet, die zweckmäßigste Produktionsorganisation zu entwickeln. Aber einerseits muß mit der Gefahr gerechnet werden, daß die in der Konzentration schon vorgeschritteneren Staaten unsere Entwicklung mit ihrer Übermacht stören würden und Teile unserer Industrie dabei zu Grunde gehen würden, andererseits haben wir — das muß immer wieder betont werden — gar keine andere Wahl, als uns der Schutzzölle zur Sicherung zu bedienen, da die anderen Staaten, insbesondere auch Amerika ebenfalls das Mittel der Zölle benutzen, um den Umwandlungsprozeß zu fördern.

Jedenfalls wird es sich immer nur von Fall zu Fall, für jede Industrie besonders und nach eingehendsten Studien entscheiden lassen, ob eine Industrie stark genug ist, den Freihandel als Erziehungsmittel zu vertragen, und dann werden noch immer die sonstigen Verhältnisse des Inlandes und die Beziehungen zum Auslande berücksichtigt werden müssen. Keinesfalls aber ist der wirtschaftliche Fortschritt, die Entwicklung einer neuen Organisation des Wirtschaftslebens, zu der die Kartelle uns führen sollen, allgemein abhängig von einer bestimmten handelspolitischen Richtung, wie namentlich die Freihändler gern glauben machen möchten. Auch das Schutzzollsystem, das wir aus mancherlei Gründen heutzutage für viele Unternehmungszweige beibehalten müssen, bedeutet nicht — und darin glaube ich ein Hauptergebnis dieser Erörterungen zu sehen — eine Hemmung unseres wirtschaftlichen Fortschritts, vielmehr kann sich auch bei Schutzzöllen die für den wirtschaftlichen Kampf der Nationen zweckmäßigste Produktionsorganisation entwickeln. Der Schutzzoll ist noch heute, wie zur Zeit Lists, Erziehungsmittel, aber nicht zur Erziehung der Industrie überhaupt, sondern ein Mittel zur Entwicklung der fortgeschrittensten Produktionsorganisation.

Kapitel III.

Die Zollpolitik als Mittel gegenüber den Kartellen.

Ist der Schutzzoll auch nicht die unbedingte Voraussetzung des Entstehens der Kartelle, sondern wie wir gesehen haben, eher ein Mittel, dasselbe zu erleichtern, so ist doch seine Bedeutung für die Erhöhung der inländischen Preise durch monopolistische Vereinigungen nicht zu verkennen, und der Gedanke, den Mißbräuchen der Monopole durch eine Herabsetzung der Zölle entgegenzuwirken, liegt nahe. Vielfach ist auch bei uns dieses Mittel gegen die Kartelle empfohlen worden, freilich zumeist weniger auf Grund sachlicher Erwägungen und Untersuchungen als vom parteipolitischen oder Interessenstandpunkte aus. Die Wissenschaft verhielt sich bis vor kurzem sehr ablehnend gegenüber der Forderung zollpolitischer Eingriffe in das Kartellwesen, so Menzel sowohl in seinem Referat im Verein für Sozialpolitik 1894 als in seinem Vortrag auf dem deutschen Juristentage,[1] Landesberger in seinem Gutachten für den 26. deutschen Juristentag[2] u. a.

Auch heute noch gehen selbst die prinzipiellen Freihändler in der Wissenschaft in der Regel nicht so weit, direkt eine Verminderung der Schutzzölle als Maßregel gegen die Kartelle zu empfehlen, sondern begnügen sich, den Schutzzoll als Hauptwurzel aller Kartellmißbräuche aufzuzeigen, z. B. Dietzel in seiner Schrift: Sozialpolitik und Handelspolitik (S. 18 ff.). Dagegen sind von parteipolitischer Seite derartige Forderungen gelegentlich der Zolltariferörterungen mehrfach erhoben worden. So schon auf dem Parteitage der deutschen Volkspartei in Fürth im September 1901, sowie auf deren Parteitag in Offenburg am 21. September 1902, wo nach einem Vortrag des Abg. Oeser eine von demselben vorgeschlagene Resolution zur Annahme gelangte, dann insbesondere auf dem national-sozialen Parteitage in Hannover, Oktober 1902, wo der Referent Dr. Alfred Weber „eine Zolltarif-Revision mit dem Ziel der Herabsetzung und schließlichen Beseitigung der Zölle auf kartellierte Artikel" forderte.[3] Namentlich aber wurden derartige Vorschläge natürlich gemacht in der Presse derjenigen Parteien, die den Zolltarifentwurf bekämpften. In der Zolltarifkommission und im Reichstage sind dagegen so allgemeine Forderungen nicht erhoben worden. Hier haben einige freisinnige Abgeordnete, insbesondere Abg. Gothein, und dann namentlich die Sozialdemokraten bei verschiedenen Artikeln auf bestehende inländische Kartelle aufmerksam gemacht und deswegen Zollherabsetzung empfohlen. Die Sozialdemokraten haben außerdem mehrfach ihren Antrag gestellt, die Zölle auf solche Waren aufzuheben, die von deutschen Kartellen im Auslande billiger als im Inlande verkauft werden.[4]

Daß man sich auch in anderen Ländern, so in Rußland, Italien, Frankreich, den Vereinigten Staaten mit dem Verhältnis von Schutzzoll und Kartellen beschäftigt, geht aus manchen Tatsachen, mit denen wir uns noch zu befassen haben werden, hervor. Aber tatsächliche Berücksichtigung durch die Zollgesetzgebung haben die monopolistischen Vereinigungen bisher nur in einem Lande, in Canada gefunden. Das canadische Zollgesetz vom 29. Juli 1897 enthält nämlich in Abschnitt 18 folgende Bestimmungen[5]: „1) Falls der Gouverneur Grund zu der Annahme hat, daß hinsichtlich irgend eines Handelsartikels ein Trust, eine Vereinigung, Verabredung oder Verständigung irgendwelcher Art unter den Fabrikanten, oder Verkäufern dieses Artikels besteht, um den Preis dieses Artikels in ungebührlicher Weise zu erhöhen oder den Vorteil der Fabrikanten oder Verkäufer in ungebührlicher Weise zum Nachteile der Konsumenten zu vermehren, so ist derselbe ermächtigt, irgend einen Richter des Supreme Court oder des Exchequer Court von Canada oder irgend eines Obergerichtshofes einer canadischen Provinz zu beauftragen, dies im summarischen Verfahren zu untersuchen und ihm darüber Bericht zu erstatten, ob ein solcher Trust bezw. eine solche Vereinigung, Verabredung oder Verständigung besteht. 2) Der Richter ist berechtigt, Zeugen vorzuladen und dieselben unter Eid zu befragen, ferner die Vorlegung von Büchern und Papieren zu verlangen, und soll alle jene Vollmachten besitzen, welche ihm der Gouverneur zum Zwecke derartiger Nachforschungen erteilen wird. 3) Wenn der Richter berichtet, daß ein solcher Trust u. s. w. besteht und der Gouverneur zu der Überzeugung gelangt, daß diese Benachteiligung der Konsumenten durch die geltenden Einfuhrzölle erleichtert wird, so soll derselbe die betreffenden Artikel auf die Freiliste setzen oder die für dieselben festgesetzten Zölle soweit herabsetzen, daß die Bevölkerung dadurch der Wohltat des vernünftigen Wettbewerbes an diesen Artikeln teilhaftig wird." Also ähnliche Bestimmungen, wie in dem bekannten österreichischen Kartellgesetzentwurf, nur mit dem Unterschied, daß in demselben die Untersagung jedes Kartellbeschlusses verfügt werden konnte, während hier der Eingriff sich auf zollpolitische Maßregeln beschränkt. Sonst in beiden Fällen: Untersuchung durch ein besonderes Organ (hier der Richter, dort die Kartellkommission), die Entscheidung aber durch die oberste Behörde (hier der Gouverneur, dort das Finanzministerium). Die Bestimmung des canadischen Gesetzes ist bisher nur einmal angewandt worden und zwar am 10. Februar 1902. Auf eine Beschwerde der Canadian Press Assortion über den Papiertrust wurde von der Regierung eine Untersuchung angeordnet, die eine Herabsetzung des Zolles auf Druckpapaier von 15 % des Wertes zur Folge hatte. —

Daß eine Zollherabsetzung oder Aufhebung ein geeignetes Mittel sei, übermäßigen Preisfestsetzungen der Monopole entgegenzutreten, kann nicht bezweifelt werden; ebenso wenig aber auch, daß dasselbe nicht gegen alle Monopole brauchbar ist. Diejenigen Monopole, die auf Seltenheit des Vorkommens, wie z. B. bei Kali, oder auf im Verhältnis zum Werte sehr bedeutenden Transportkosten, wie bei Kohle oder Zement beruhen, werden in der Regel von zollpolitischen Maßregeln, die die Konkurrenz des Auslandes erleichtern, kaum berührt, sind auch meist schon nicht durch Zölle geschützt. Immerhin ist die Zahl der Produkte, bei welchen die Zölle für die Kartellbildung von außerordentlichem Einfluß sind, sehr groß, und wenn eine monopolistische Schädigung der Allgemeinheit konstatiert wird, würde eine Zollherabsetzung gewiß erhebliche Wirkung haben. Nur liegt hier wieder die Schwierigkeit vor, die sich jeder durchgreifenden Regelung des Kartellwesens entgegenstellt, nämlich zu entscheiden, wann eine Schädigung der Allgemeinheit durch die Kartelle vorhanden ist. In Canada hat man, wie erwähnt, die Untersuchung dem Richter, die Entscheidung dem Gouverneur übertragen. In Österreich, wo freilich wegen des staatsrechtlichen Verhältnisses zu Ungarn zollpolitische Maßregeln mit besonderer Schwierigkeit verknüpft sind, wäre nach dem dortigen Entwurfe die Kartellkommission und das Finanzministerium auch für diese Aufgabe berufen. Bei uns käme dieselbe naturgemäß dem Bundesrat zu, als begutachtende Behörde könnte ein in irgend einer Weise organisiertes Kartellamt mitwirken. Doch scheint mir, daß, um eine Zollherabsetzung durchzuführen, der gewöhnliche Weg der Gesetzgebung der einfachste und zweckmäßigste wäre, sodaß Bundesrat und Reichstag, wie sie überhaupt die Zollfestsetzungen beschließen, so auch über Zollherabsetzungen als Mittel gegen die Monopole zu entscheiden hätten. Anders als wenn es sich um eine Untersagung von Kartellbeschlüssen nach dem System des österreichischen Entwurfs handelt, kann hier die Entscheidung darüber, ob gegen die Kartelle im Wege zollpolitischer Maßregeln vorgegangen werden soll, in Form eines Gesetzes erfolgen, d. h. von denjenigen Gewalten ausgehen, die überhaupt die Regeln für alles menschliche Zusammenleben im Staate aufstellen.[6]) Ebenso wie es von ihnen abhängt, ob überhaupt ein Zoll und in welcher Höhe er festgesetzt werden soll, ebenso kann man es den gesetzgebenden Gewalten überlassen, eine Zollherabsetzung als Mittel gegen die Monopole zu beschließen. Das Zolltarifgesetz brauchte dann nur die Bestimmung zu enthalten, daß der Bundesrat mit Zustimmung des Reichstages die Zölle auf ein Produkt herabsetzen kann, wenn die Verbraucher desselben durch monopolistische Vereinigungen offensichtlich geschädigt werden. Auch in die Handelsverträge müßte eine derartige Kartellklausel aufgenommen werden, welche namentlich auch betont, daß die Zollherabsetzung nur als eine vorübergehende Maßregel gedacht ist und dem Staate das Recht der Wiedererhöhung des Zolles auf den alten Satz vorbehält. Es ist ja zuzugeben, daß gewisse Schwierigkeiten mit der Durchführung einer solchen Bestimmung verbunden sind, doch werden sie sich überwinden lassen. Ich denke mir aber überhaupt diese Maßregel nur in ganz zweifellosen Fällen der Schädigung wirklich zur Anwendung kommend. In den meisten Fällen dürfte schon der Umstand, daß eine Zollherabsetzung im Reichstag erörtert wird, genügen, um das Kartell vorsichtiger in seiner Preispolitik zu machen. Der Reichstag würde dann in der einfachsten und zweckmäßigsten Weise die warnende Behörde darstellen, welche der Sektionschef im österreichischen Justizministerium, Exz. Klein, auf dem deutschen Juristentage in Berlin vorgeschlagen hat, und er erfüllt diese Aufgabe wegen der großen Machtbefugnis, die in seinen Händen ruht und seiner Warnung Nachdruck verleiht, zweifellos am besten. Eine solche öffentliche Erörterung im Reichstage über die Schäden eines Kartells kann ja freilich auch ohne eine derartige Gesetzesbestimmung erfolgen, sie wirkt aber sicherlich stärker, wenn die Möglichkeit einer Zollherabsetzung vorgesehen ist. Vor allem aber würde die Regierung mit der Aufnahme einer derartigen Bestimmung in das Zolltarifgesetz ihren guten Willen zeigen, etwas zum Schutze der Konsumenten gegen die Kartelle zu tun, und würde dadurch eine gewisse Beruhigung in weite Kreise tragen, die von den neuen Zöllen eine Verstärkung des Schutzes der Kartelle und damit ihrer Macht über die Konsumenten fürchten.

Denn daß Kartelle vermöge ihrer monopolistischen Natur für weitere Kreise höchst schädlich wirken können, darüber kann kein Zweifel sein, und ebensowenig, daß die bisher meist vorgeschlagenen gesetzlichen Maßregeln, Anzeigepflicht und Kartellregister, eine wirkliche Regelung, die imstande ist, die Nachteile der Kartelle zu beseitigen, nicht darstellen.[7]

Aus diesem Grunde muß, wenn einmal ein wirkliches Eingreifen notwendig werden sollte, auch der Gedanke einer zeitweisen Herabsetzung der Zölle ins Auge gefaßt werden, wofür m. E. die eben dargelegten Grundsätze maßgebend sein müßten. Eventuell könnten solche Zollherabsetzungen für ein Produkt nur im Verkehr mit bestimmten Ländern eingeführt werden, natürlich unbeschadet der Meistbegünstigungsverträge.

Der Haupteinwand, den man gegen die Maßregeln der Zollherabsetzung als Mittel gegen die Monopole anzuführen pflegt, ist der, daß gerade dadurch die Abnehmer, die noch vor der Zollherabsetzung gekauft haben, geschädigt würden.[8] Er wird aber hinfällig, wenn die Maßregel, wie vorgeschlagen, durch Bundesrat und Reichstag zu beschließen ist, daher eine genügende Zeit bis zu ihrer Durchführung verstreichen wird. Auch wird im konkreten Falle die Anregung meist von den Abnehmern, z. B. den Händlern, ausgehen, die ja alle selbst in Fachvereinen organisiert sind und daher ihre Vorschläge für den Beginn einer Zollherabsetzung machen werden. Ebenso entfällt, wenn die Herabsetzung im Wege der Gesetzgebung zu erfolgen hat, der Einwand Grunzels, daß dadurch „der größte und wichtigste Teil des Zolltarifs aus der Gesetzgebung ausgeschaltet und auf ·den Verordnungsweg übertragen würde, eine Konsequenz, die weder vom staatsrechtlichen noch vom wirtschaftlichen Standpunkte begrüßt werden könnte."[9] Der weitere Einwand Grunzels: „Der rasche und plötzliche Wechsel des Zolles, selbst die bloße Wahrscheinlichkeit eines solchen Wechsels brächte in den Handelsverkehr jenes spekulative und aleatorische Moment, welches das System der gleitenden Zollskala Schiffbruch erleiden ließ," hat auch wenig Bedeutung. Denn wie gesagt, fasse ich die ganze Bestimmung mehr als Präventivmaßregel auf. Sie soll die Kartelle vorsichtiger machen und nur in eklatanten Fällen Platz greifen. Deshalb würden auch etwaige außenstehende Unternehmungen nicht so schwer getroffen werden, wie Grunzel es darstellt,[10] wobei ferner zu berücksichtigen ist, daß dieselben in der Regel während der Dauer des Kartells von den hohen Kartellpreisen ebenso profitieren wie die Mit-

glieder, aber nicht den Beschränkungen jener unterworfen sind. Auch
der Einwand, daß die Zollherabsetzung oder -Aufhebung durch internationale Vereinbarungen illusorisch gemacht werden würde, ist nicht
durchschlagend. Zwar wird die Zollherabsetzung bei den inländischen
Produzenten das Bedürfnis nach internationaler Kartellierung vermehren.
Aber gerade deshalb werden die ausländischen Produzenten um so
weniger dazu geneigt sein, da sie hoffen können, ihren Import zu vergrößern. Hat das inländische Kartell den Schutzzoll voll ausgenützt,
so ist es überhaupt den ausländischen Konkurrenten ziemlich gleichgültig, ob derselbe ermäßigt wird. Außerdem kommt in Betracht, daß
eine Herabsetzung der Schutzzölle die Konkurrenzfähigkeit der Produzenten im Auslande eher vermindert, da vielfach nur die durch die
hohen Zölle erzielten hohen Inlandspreise es ihnen ermöglichten, im
Auslande so billig zu verkaufen. Im allgemeinen werden also die Aussichten für internationale Kartellierung bei einer nur zeitweisen Herabsetzung der Schutzzölle nicht vergrößert. Nur eine dauernde Beseitigung
der Schutzzölle für Industriezweige, in denen zwei oder mehrere Länder
einander ziemlich gleich konkurrenzfähig sind, würde heute alsbald zu
internationalen Kartellen führen.

Ich stehe also hier, wie überhaupt bei der Frage staatlichen Eingreifens in die Kartelle, auf dem Boden des Eventualprinzips, be-
fürworte nicht überhaupt Ermäßigung oder Aufhebung der Zölle für
kartellierte Produkte — daß das keine Berechtigung hat, ergibt sich
aus dem oben Gesagten — sondern glaube nur, daß bei offenkundigen
Mißbräuchen eines Kartells in seinen Preisfestsetzungen man denselben
auch durch zollpolitische Maßnahmen entgegentreten könnte. Der vielfach geäußerte Wunsch, gleich in das Zolltarifgesetz eine dahingehende
Bestimmung aufzunehmen, ist ja inzwischen gegenstandslos geworden,
und die Ansicht der Regierung, daß man das Schiff des Tarifentwurfs
nicht noch mit diesem Problem belasten solle und die Ergebnisse der
beschlossenen Kartellenquête abwarten möge, ist nicht so unberechtigt.
Wenn Gegenstände allgemeinen Konsums durch Kartelle übermäßig
verteuert werden, wird auch, wie das bisher schon der Fall war, die
öffentliche Meinung wohl genügend Gewicht haben, um eine Inter-
pellation über die Stellungnahme der Regierung im Reichstage herbeizuführen. Daneben müssen aber auch die Kartelle für solche Produkte
beachtet werden, die einen beschränkteren Konsumentenkreis haben, der
seine Interessen weniger nachdrücklich vertreten kann, und es ist daher
Aufgabe der Regierung, die Kartellbewegung zu überwachen und sich

stets auf dem laufenden zu erhalten, was am besten durch ein Kartellamt geschieht, um dann im Notfall mit Vorschlägen zu Zollherabsetzungen oder anderen Maßregeln vor den Reichstag treten zu können.
Aber mit dem Mittel einer Zollherabsetzung für Produkte, die im
Inlande durch Kartelle übermäßig verteuert werden, sind die Vorschläge zollpolitischen Eingreifens in das Kartellwesen nicht erschöpft.
Mit größerem Nachdrucke als die erwähnten Maßregeln ist gelegentlich
der Zolltarifverhandlungen in der Kommission und im Reichstage zu
verschiedenen Malen die Aufhebung der Schutzzölle für solche Produkte
empfohlen werden, welche durch inländische Kartelle im Auslande
billiger verkauft werden. Die dahingehenden oben im Wortlaut zitierten
Anträge der Sozialdemokraten führten in der Zolltarifkommission am
14. Januar, 29. Juli, 1. August und 1. Oktober, besonders aber im Reichstage am 30. Oktober und 4. und 5. November 1902 zu interessanten
Erörterungen, bei welchen jedoch auf vielen Seiten eine große Un-
kenntnis des Kartellwesens zu Tage trat. Es wurden mancherlei Argu-
mente gegen jenen Antrag vorgebracht. Abg. Graf Kanitz bekämpfte
den Antrag hauptsächlich mit der Begründung, daß diejenigen Geschäfte
geschädigt würden, die sich dem Syndikat nicht angeschlossen haben,
worauf Abg. Gothein mit Recht entgegnete, daß diese outsiders die
Vorteile der Kartelle mitgenießen, aber zu ihren Lasten nichts bei-
tragen wollen. Er erklärte sich für den Antrag, um zu verhindern,
daß unser Export durch die Kartelle verschleudert werde. Abg. Paasche
wünschte die Ergebnisse der Enquête abzuwarten und erklärte es für
unmöglich, so gewaltsam in unsere Schutzzollpolitik einzugreifen, wie
der Antrag dies fordere. Richtige Gesichtspunkte vertraten unter anderem
Abg. Gamp, der betonte, daß nicht nur die Kartelle billiger ans Ausland verkaufen und daß die deutschen Werke die ausländischen nur
soweit unterbieten, als nötig sei, sich den Auftrag zu verschaffen; sowie
Abg. Beumer, der darauf hinwies, daß auch nichtkartellierte Industrien,
z. B. die Konfektionsindustrie, ins Ausland um 25—30 % billiger
verkaufen, endlich Handelsminister Möller, der zeigte, daß durch den
großen Export die Folgen der Krisis für die Arbeiter gemildert würden.

Die Verteidiger des Antrages, insbesondere Abg. Bernstein in zwei-
stündiger Rede, betonten den antinationalen Charakter der billigeren
Auslandsverkäufe, die Bernstein als Vaterlandsverrat bezeichnete, den
Nachteil für die Weiterverarbeiter und deren Arbeiter. Von den sonstigen Abgeordneten, die dem Antrag zustimmten, wandten die Frei-
sinnigen Abg. Gothein, Pachnicke und Müller-Sagan sich weniger scharf

gegen die billigen Auslandsverkäufe, obwohl sie weit entfernt waren, dieselben zu billigen, sondern traten für den Antrag ein, um den Gedanken zu fördern, daß man auf dem Wege der Zollgesetzgebung den Mißbräuchen der Kartelle entgegentreten müßte. Die beiden ersteren betonten auch die Idee einer internationalen Regelung der hierhergehörenden Fragen.

Nach unseren früheren Ausführungen dürfte es einleuchten, daß der Antrag ein ganz unüberlegter, ohne klare Vorstellung von den Wirkungen einer solchen Maßregel eingebrachter war. Denn es ist klar, daß ein Kartell, welches garnicht an das Ausland verkauft, allein durch seine hohen Preisfessetzungen im Inlande die weiterverarbeitenden Industrien in ihrer Konkurrenzfähigkeit dem Auslande gegenüber ebenso schädigen kann, wie ein exportierendes Kartell. Es kommt nur darauf an, ob die Differenz der Preise zwischen Inland und Ausland groß ist, nicht aber ob die Rohstoffindustrie an das Ausland billiger verkauft. Es wäre daher ungerecht, nur solchen Industrien den Schutzzoll ohne weiteres zu entziehen, die zufällig auch exportieren, solchen aber nicht, die zwar die Abnehmer ebenso schädigen, aber nicht exportieren. Zollherabsetzungen müssen vielmehr für alle Kartelle angewandt werden können, wenn ihre Preisfestsetzungen eine Schädigung der Allgemeinheit bedeuten. Die Tatsache, das billiger ins Ausland verkauft wird, ist nie ein Kriterium für die Schädlichkeit eines Kartells; ein solches ist immer nur die übermäßige Höhe der Inlandspreise.

Dies ist das grundlegende Argument, das gegen den sozialdemokratischen Antrag spricht. Aber es ist leicht einzusehen, daß derselbe auch aus anderen Gründen undurchführbar ist. Bei vielen Industrien ist der Export kein regelmäßiger, sondern wird nur vorübergehend in Zeiten ungünstiger Absatzgelegenheit im Inlande betrieben. Wie, wenn nun ein Kartell in günstiger Zeit nicht exportiert? Dann müssen doch die alten Zölle wieder eingeführt werden. Werden dann die Preise, was bei günstiger Konjunktur natürlich ist, im Inlande höher, so müssen, sobald nur das kleinste Quantum ins Ausland billiger verkauft wird, die Zölle wieder aufgehoben werden. Wenn man sich die Konsequenzen eines derartiges Vorgehens ausmalt, muß man erkennen, daß die Antragsteller unmöglich eine klare Vorstellung von der wirklichen Bedeutung ihres Vorschlages gehabt haben können.

Aus den Erörterungen des vorigen Kapitels geht nun aber hervor, daß, wenn auch nicht die billigeren Auslandsverkäufe der Kartelle, so doch ihre hohen Inlandspreise ungünstige Wirkungen haben können nicht nur für die Konsumenten, sondern auch ganz besonders für die Weiterverarbeiter der kartellierten Produkte, ungünstige Wirkungen für die Konkurrenzfähigkeit derselben gegenüber dem Auslande. Diese Wirkungen zeigen sich in manchen Industrien, ganz besonders aber in der Eisenindustrie, wo die hohen Preise für Rohstoffe und Halbfabrikate, welche die festorganisierten Kartelle dieser Industriezweige verlangen, die Weiterverarbeiter in ihrer Konkurrenzfähigkeit schmälern. Es frägt sich daher, ob diesen weiterverarbeitenden Industrien geholfen werden kann, ohne daß die ans Ausland billiger verkaufenden Rohstoffindustrien ungerecht behandelt werden und die geschilderten ungünstigen Erscheinungen eintreten, wie es durch Zollherabsetzungen geschehen würde.

Hier bietet sich nun besonders die Ausdehnung des freien Veredlungsverkehrs als eine Maßregel, die zu diesem Zweck geeignet erscheint, und der neuerdings immer mehr Beachtung geschenkt wird. [10]) Auch die Regierung hat in einem wahrscheinlich vom Handelsminister inspirierten Artikel des „Berliner Tageblatt" vom 6. Januar 1903 betont, daß sie in den hierzu gehörigen Maßregeln eines der wichtigsten positiven Mittel gegen Syndikate und Kartelle erblickt. Zwar sind schon dahingehende Vorschläge von der Regierung abgelehnt worden (z. B. die freie Einfuhr zum Lochen bestimmter Bleche), aber in anderen Fällen (Schiffsbleche) hat die Zusicherung zollfreier Einfuhr zum Zwecke der Veredlung gute Erfolge gehabt.

Diese Zustände sind besonders an die Öffentlichkeit gedrungen im Januar d. J., als sich die Halbzeugverbraucher an den preußischen Handelsminister wandten zwecks Vermittlung in ihrem Streite mit dem Halbzeugverband, dessen Politik die Weiterverarbeiter schädige. Positive Vorschläge vermochten die Petenten nicht zu machen. In Beantwortung einer Umfrage, die die Redaktion der Kartellrundschau damals veranstaltete, habe ich auch auf den Veredlungsverkehr als eine Hilfe für die Weiterverarbeiter hingewiesen. [11]) Der freie Veredlungsverkehr hilft freilich den Weiterverarbeitern nur beim Exporte und nicht in ihrer Konkurrenzfähigkeit gegenüber den kombinierten Werken auf dem inländischen Markte. Er kann außerdem leicht mißbraucht werden, und es wird der Regierung oft schwer fallen, eine gerechte Entscheidung zu treffen, wenn sie Forderungen nach seiner Anwendung nachgeben soll. Es scheint mir auch für diese Aufgaben wie für manche andere, die eine staatliche Kartellpolitik großen Stiles — und zu einer solchen werden über kurz oder lang alle vorgeschrittenen Staaten sich aufraffen müssen — mit sich bringt, heute schon die Schaffung eines Kartellamtes angezeigt.

Dieses wäre mit großer Unabhängigkeit auszustatten, da seine Aufgaben in das Ressort verschiedener Ministerien eingreifen, dafür aber vielleicht auch nur als beratende Instanz zu organisieren.

Es ist auch die Frage aufgeworfen worden, ob nicht an Stelle einer Ausdehnung des freien Veredlungsverkehrs ein viel weitergehendes System von Zollrückvergütungen einzuführen sei. Beides ist wohl zu unterscheiden. Der Veredlungsverkehr beruht auf Stundung des Zolles bei der Einfuhr und endgültigem Erlaß desselben bei Nachweis der Ausfuhr. Bei der Zollrückvergütung wird der Zoll erhoben, aber bei Ausfuhr der fertigen Waren eine bestimmte Summe vergütet, die den Betrag des Zolls, der für die in den fertigen Waren steckenden Rohstoffe bezahlt ist, ausmachen soll. Dabei kann diese Vergütung gezahlt werden 1. nur wenn die in den Waren enthaltenen Rohstoffe wirklich eingeführt worden sind (Identitätszwang), 2. wenn wenigstens Rohstoffe gleicher Art eingeführt worden sind und dabei Zoll bezahlt wurde (beschränkte Identitätsfreiheit), 3. kann ohne Einschränkung die Summe bezahlt werden, die bei der Einfuhr solcher Rohstoffe als Zoll zu bezahlen wäre (unbeschränkte Identitätsfreiheit).[12] Es leuchtet ein und ist bekannt, daß diese Zollvergütung leicht zu einer Ausfuhrprämie werden kann; in Amerika wird dieses System tatsächlich in solchem Sinne benutzt. Auf die Frage, ob zollfreier Veredlungsverkehr oder ein System von Zollrückvergütungen vorzuziehen sei, kann ich hier nicht näher eingehen. Ich schließe mich im allgemeinen den Ausführungen von Lusensky an, der dem Schlagwort, das System des Veredlungsverkehrs müsse in ein System der Zollrückvergütung umgewandelt werden, entgegentritt. Theoretisch ist wohl der Veredlungsverkehr das Richtigere. Es muß aber auch hier Rücksicht auf die Maßregeln anderer Staaten genommen werden, und es ist denkbar, daß wir für manche Industrien, um beim Export mit fremden Staaten konkurrieren zu können, ebenso wie diese auch einmal Zollrückvergütungen und eventuell darin enthaltene Ausfuhrprämien werden anwenden müssen. Auf die Notwendigkeit, diese Verhältnisse international zu regeln, werde ich unten noch zu sprechen kommen.

Allen diesen Fragen wird gegenwärtig seitens der deutschen Industrie große Beachtung geschenkt. Die Zentralstelle für Vorbereitung von Handelsverträgen hat eine Kommission zum Studium der Rückvergütung der Zölle bei der Ausfuhr von Waren eingesetzt, über deren Verhandlungen berichtet wird:[12a] „Die Kommission ist der Ansicht, daß die Frage der Zollrückvergütung als eine hochwichtige und prinzipielle geklärt werden müsse ohne Rücksicht auf den gegenwärtigen

Zolltarifentwurf und die handelspolitische Lage. Die Zollrückvergütung werde ihre hohe Bedeutung behaupten, gleichviel, wie die diesmalige handelspolitische Campagne ausgehe. Es soll zunächst in ein umfangreiches sachliches Studium der Materie eingetreten und hierbei eine Reihe von Vorfragen grundsätzlicher Natur behandelt werden. Hierher gehört in erster Linie die Frage, ob angesichts des Umstandes, daß ein großer Teil des deutschen Budgets aus dem Erträgnisse der Zölle bestritten wird, die Einführung der Rückvergütung nicht in den Zolleinnahmen eine derartige Minderung herbeiführen würde, daß aus diesem Grunde Bedenken gegen ihre Einführung erwüchsen. In den Vereinigten Staaten liegt bereits eine ausführliche Statistik der Zollrückvergütung vor. Nach deren Muster und Vorgang soll die deutsche Statistik unter gleichzeitiger Heranziehung und Vernehmung von Sachverständigen behandelt werden. Für die Untersuchung dieser Frage und die für ihre Entscheidung anzustellenden komplizierten Berechnungen, welchen im Hinblick auf das im Haushalte des Reiches immer deutlicher zu tage tretende Defizit eine bemerkenswerte Wichtigkeit beiwohnt, wird ein besonderer Ausschuß eingesetzt. Dieser Ausschuß hat seine Arbeit bereits am 1. November v. Js. aufgenommen. Neben der Entscheidung über diese Vorfrage wird gleichzeitig das vorhandene Material insofern vervollständigt werden, als über die Möglichkeit und Nützlichkeit einer weiteren Ausgestaltung des Transitlager- und Veredelungsverkehrs besondere Erhebungen angestellt werden sollen."

In enger Beziehung zum Veredlungsverkehr stehen Maßnahmen auf dem Gebiete der Tarifpolitik der Verkehrsanstalten. Auch hier erscheint es mir nach den Erörterungen des vorigen Kapitels eher zweckmäßig, den Weiterverarbeitern den Bezug ausländischen Rohstoffes durch Tarifermäßigung zu erleichtern, als den Rohstoffproduzenten die billigen Auslandsverkäufe zu erschweren. Bisher wird freilich in der Hauptsache den letzteren die Ausfuhr durch Tarifmaßregeln erleichtert.[13]) Es versteht sich von selbst, daß derartige Maßregeln auf dem Gebiete der Transportpolitik sich eng anschließen müssen an etwaige Zollmaßregeln, diese wieder an sonst etwa vorzunehmende Maßregeln. Nicht darf der Verkehrsminister für sich allein vorgehen, wenn es ihm gut scheint, ebensowenig der Handelsminister und etwa noch der Minister des Innern, sondern wir müssen zu einer einheitlichen, die verschiedenen Verwaltungszweige umfassenden staatlichen Kartellpolitik gelangen, die auch wiederum eine Zentralstelle, ein das ganze überblickendes Kartellamt erfordert.

Liefmann, Schutzzoll und Kartelle.

Ich denke mir, daß eine solche Kartellpolitik, was diejenige Seite betrifft, die hier allein in Betracht kommt, die Förderung der Weiterverarbeiter, sich etwa so vollziehen wird: Unter der Aufsicht der obersten Kartellbehörde wirken die Regierung mit den ihr möglichen zoll- und verkehrspolitischen Maßregeln und die festorganisierten Rohstoffverbände mit ihren Ausfuhrvergütungen gemeinsam zur Förderung der weiterverarbeitenden Industrien. Die Regierung benutzt die ihr zur Verfügung stehenden Machtmittel zur Beeinflussung der Rohstoffverbände sowohl in ihren Preisfestsetzungen wie in den den Weiterverarbeitern zu gewährenden Ausfuhrvergütungen. Sie kann mit Androhung von Zollherabsetzungen für Rohstoffe, Tariferleichterungen für die Einfuhr derselben und Ausdehnung des Veredlungsverkehrs einen Druck auf die Rohstoffverbände ausüben, wenn deren Politik ihr dem Gesamtinteresse nachteilig erscheint. Alle Teile werden dann gemeinsam dafür zu sorgen haben, daß die Preise für Fertigprodukte allmählich in ein einigermaßen festes Verhältnis zu denen der Rohstoffe kommen, sodaß die Regierung nur die Preisfestsetzungen einiger weniger Rohstoffe zu überwachen braucht, und die Ausbeutung der Weiterverarbeiter durch die kartellierten Rohstoffproduzenten von ihr, die Ausbeutung der letzten Konsumenten durch die kartellierten Weiterverarbeiter von den Rohstoffproduzenten, die einen Rückgang des Konsums fürchten, verhindert wird.[14]) Solche feste Beziehungen zwischen Rohstoffproduzenten und Weiterverarbeitern würden dann wohl im Wege des ausschließlichen Verbandsverkehrs zwischen beiden zustande kommen. Der wirtschaftliche Fortschritt würde dabei doch gewahrt werden, da hier im Gegensatz zum Trust das spezielle Interesse jedes Unternehmers an seinem eigenen Betriebe und damit der Antrieb zu technischen Fortschritten erhalten bleiben würde. Vielleicht würden dann auch die Arbeiter schließlich als dritte Gruppe in diese Allianzverbände hineingezogen werden und nach den Preisen der Produkte entlohnt werden.

Gewiß sind das Phantasien. Aber ist es nicht richtiger, wenn sich schon einmal die Frage erhebt, wohin die heute vorhandenen Entwicklungserscheinungen uns führen, an diese anzuknüpfen und aus ihnen ein Phantasiegebäude aufzurichten, als, wie das heute noch meist geschieht, einfach das sozialistische Ideal zu acceptieren und die Verstaatlichung der Produktionsmittel als der Weisheit letzten Schluß hinzustellen? Ich glaube, daß wir, trotzdem der Staats- und Gemeindebetrieb vielleicht noch an Ausdehnung gewinnt, einer allgemeinen Verstaatlichung der Produktionsmittel mit den heutigen Entwicklungtendenzen durchaus nicht näher kommen.

Doch lassen wir diese Frage der zukünftigen inneren Organisation
der Volkswirtschaft auf sich beruhen, um noch weiter zu untersuchen,
wie die Monopolbildung die äußere Handelspolitik beeinflußt und diese
als Mittel gegenüber jener benutzt werden kann.

Wir haben oben festgestellt, daß es jedenfalls ungerecht und un-
zweckmäßig ist, der populären Forderung nachzugeben und die Schutzzölle herabzusetzen oder aufzuheben, weil ans Ausland billiger verkauft
wird. Die Beobachtung nun, daß auch in anderen Staaten, insbesondere
in Amerika, die Monopolbildung im Inlande dazu benutzt wird, im Auslande mit billigeren Preisen jede Konkurrenz aus dem Felde zu schlagen
und sich im Inlande dafür schadlos zu halten, hat zu einem weiteren
Vorschlag der zollpolitischen Bekämpfung der Monopole geführt. Statt
die inländische Industrie für ihre billigeren Verkäufe an das Ausland
durch Zollherabsetzungen oder Aufhebungen zu bestrafen, will man den
umgekehrten Weg einschlagen, durch Zollerhöhungen die konkurrierenden Industrien des Auslands hindern, ihren Überschuß zu billig nach
Deutschland abzugeben. Es erscheint zwar auf den ersten Blick merkwürdig, hier von einem „zu billig" zu reden, die billige Versorgung
der deutschen Konsumenten mit ausländischen Produkten bekämpfen
zu wollen. In der Tat müßten vom Standpunkt derer, die jeden billigeren
Verkauf ans Ausland als antinational und Landesverrat bezeichnen, die
auswärtigen Staaten, die so zu billigen Produkten kommen, sehr froh
darüber sein — denn wenn die Handlung eines Inländers dem fremden
Staate nichts nützt, kann man wohl kaum von Landesverrat reden —;
in Wirklichkeit aber zeigt sich die Unrichtigkeit dieser Auffassung auch
darin, daß der billigere Verkauf ins Ausland diesem letzteren durchaus
nicht immer angenehm ist. Hat doch schon England, obwohl seine
Bevölkerung unter der Herrschaft der Zuckerprämien den Zucker um die
Hälfte billiger kaufen konnte als die Deutschlands, diesen Zustand nicht
als erwünscht angesehen sondern die Beseitigung der Prämien durchgesetzt.
Der Schutz und die Erhaltung inländischer Gewerbe, die von der durch
Exportprämien und Kartelle künstlich gesteigerten Konkurrenzfähigkeit
der ausländischen Produzenten bedrängt werden, erscheint in vielen
Fällen wichtiger als die denkbar billigste Versorgung der Konsumenten.
Dies ist auch schon um deswillen berechtigt, weil diese künstlich ge-
steigerte Konkurrenzfähigkeit im Auslande und die dadurch bewirkten,
besonders billigen Auslandspreise meist keine regelmäßigen Erscheinungen sind (dies höchstens bei staatlichen Exportprämien, aber nicht
bei solchen der Kartelle) und der Konsument und Weiterverarbeiter

4*

daher doch nicht dauernd mit solchen Preisen rechnen kann. Deshalb ist es vorsichtiger, sich nicht auf diese billige Versorgung durch das Ausland zu verlassen und ruhig zuzusehen, wie das inländische Gewerbe allmählich durch jene künstliche Überlegenheit des Auslandes ruiniert wird, sondern die inländische Industrie zu erhalten, auch wenn das eine teuerere Versorgung der Konsumenten bedeutet.

Man empfiehlt daher eine Erhöhung der Schutzzölle auf solche Produkte, für die in anderen Ländern Exportprämien gezahlt werden, die es den Produzenten ermöglichen, zu billigeren Preisen zu exportieren, als seiner tatsächlichen Konkurrenzfähigkeit entspricht.[13] Einen ersten Versuch in dieser Richtung hat man kürzlich in Amerika gemacht, indem die Zollbehörden von Philadelphia bei importierten Stahlknüppeln den Zoll nicht auf den deutschen Exportpreis, sondern auf den Kartellpreis, der für Deutschland gilt, berechneten. Ein derartiges Vorgehen ist aber nur bei Wertzöllen möglich und wäre jedenfalls eine höchst willkürliche Maßregel. Man bringt bei uns die Frage jetzt gewöhnlich mit den staatlichen Exportprämien zusammen, spricht von privaten Ausfuhrprämien der Kartelle und verlangt in die Handelsverträge die Aufnahme einer „Anti-Exportprämienklausel", welche eine Zollerhöhung auf die Produkte eines Landes gestattet, in dem für die Ausfuhr staatliche oder private Exportprämien gezahlt werden. Wie der Abgeordnete Gothein in einem Artikel in der „Nation" mitteilt,[16] wird in der italienischen Kammer ein Antrag eingebracht werden, wonach die italienische Regierung keinen Handelsvertrag ohne die Anti-Exportprämienklausel abschließen soll. Die Antragsteller gehen dabei von der Auffassung aus, daß die Handelsverträge die Bedingungen festlegen, unter denen die beiden kontrahierenden Staaten auf beiderseitigem Gebiet konkurrieren sollen. Durch Kartellexportprämien würden diese Bedingungen fraudulös verschoben, dieselben stünden mit der Loyalität der Durchführung der Handelsverträge in Widerspruch. Auch im französischen Parlament dürften nach Gothein bald gleiche Anträge eingebracht werden.

Hierzu ist nun zu bemerken, daß der Vergleich der billigeren Auslandsverkäufe der Kartelle mit den staatlichen Exportprämien nur teilweise, nämlich nur hinsichtlich ihrer Wirkungen zutrifft. In formaler Hinsicht dagegen ist jene Maßregel der Kartelle oft gar keine wirkliche Prämie, oder doch nicht als solche zu konstatieren. Manche Kartelle zahlen zwar tatsächlich für das ausgeführte Quantum dem betreffenden Mitgliede eine Vergütung, andere aber beschränken sich darauf, dafür

zu sorgen, daß alle Mitglieder an den Inlands- und Auslandsverkäufen
in gleichem Umfange beteiligt sind. Eine wirkliche Prämie ist hier
nicht vorhanden, dieselbe steckt vielmehr in dem höheren Inlandspreise.
Ebensowenig kann natürlich von einer Prämie die Rede sein, wenn
alle Unternehmungen sich zu einem Trust zusammengeschlossen haben
und die Kompensation zwischen Inlands- und Auslandsverkäufen sich
innerhalb derselben Unternehmung vollzieht. Daher ist mit dieser
Exportprämienklausel wohl etwas anzufangen, wenn es nur staatliche
Ausfuhrvergütungen gibt, also um auf die Abschaffung dieser hinzuwirken, wie es die internationale Zuckerkonvention tut, nicht aber als einer
Maßregel gegen die billigen Auslandsverkäufe der Kartelle.

Aber auch eine Erweiterung jener Klausel in der Weise, daß das
Recht der Zollerhöhung nicht nur bei Exportprämien, sondern immer
schon dann vorhanden sein soll, wenn ein ausländisches Kartell entweder überhaupt in anderen Staaten oder doch nach dem die Zollerhöhung beschließenden Staate billiger verkauft als bei sich, ist nicht
möglich, und die es vorschlagen, haben sich die Sachlage noch viel
weniger überlegt, als die, welche die Herabsetzung oder Aufhebung der
Zölle verlangen, um ein inländisches Kartell an den billigeren Auslandsverkäufen zu hindern. Die Gründe für die Unanwendbarkeit einer
derartigen Meßregel sind hier die gleichen wie dort. Zunächst kommt
die Schwierigkeit der Feststellung, wann billiger ins Ausland verkauft
wird, in Betracht. Ferner denke man an die Zolländerungen, die nötig
werden, wenn nur vorübergehend billiger exportiert wird, an die fort-
während Streitigkeiten, die daraus entstehen müßten, die unendlichen
Chikanen, denen damit Tür und Tor geöffnet würde. Man vergegenwärtige
sich auch einmal die Lage der Weiterverarbeiter in einem solchen
Falle. Nehmen wir an, die Amerikaner exportieren Roheisen billiger,
als sie es im Inland verkaufen, wir exportieren zeitweise keines; nun
erhöhen wir Amerika gegenüber unseren Zoll, ermöglichen damit unseren
Roheisenproduzenten, die Preise immer höher zu steigern; unsere Weiterverarbeiter haben also von der ganzen Maßregel nur Nachteil. Exportieren wir aber auch Roheisen, so haben die Amerikaner das Recht,
auch ihre Zölle zu erhöhen und der Zustand ist genau so wie heute,
nur mit noch höheren Zöllen. Darauf kann sich also kein Staat ein-
lassen.

Man muß eben bedenken, daß es nicht in einem Staate allein
private Exportprämien gibt, d. h. monopolistische Inlandspreise es ermöglichen, im Auslande jede Konkurrenz zu unterbieten, sondern daß

es Kartelle und Trusts jetzt fast überall gibt und daß eine Zollerhöhung jenem ersten Lande gegenüber nur die monopolistischen Vereinigungen des Inlandes stärkt, diesen, wenn sie überhaupt exportieren, zwar die Konkurrenz im Auslande erleichtert, aber eben auf Kosten der inländischen Konsumenten. Die Schädigung der Weiterverarbeiter würde auch durch Zollrückvergütungen bei der Ausfuhr, wie sie tatsächlich Amerika in großem Umfange gewährt, kaum viel gemildert werden, da sie ihnen der inländischen Konkurrenz der kombinierten Werke gegenüber nichts hilft, ganz abgesehen von der Kompliziertheit dieser Maßregel und der großen Schwierigkeit, hier in gerechter Weise zu verfahren.[17]) Daß sie den inländischen Konsumenten nichts nützen würde, liegt auf der Hand.

Es dürfte klar daraus hervorgehen, daß in diese Verhältnisse mit Erfolg und ohne Nachteile für ein einzelnes Land nur auf dem Wege internationaler Vereinbarungen eingegriffen werden kann. Sie sind das einzige Mittel, zu verhindern, daß mittelst hoher Schutzzölle und dadurch herbeigeführter hoher Inlandspreise monopolistische Vereinigungen im Auslande billiger anbieten können und damit wieder die ausländischen Staaten zu einer Erhöhung ihrer Zölle treiben. Die übermäßigen Schutzzölle führen sich so selbst ad absurdum. Denn je höher sie sind, um so konkurrenzfähiger wird die betreffende Industrie auf dem Weltmarkte und umso mehr müssen die ausländischen Staaten ihre Zölle ebenfalls erhöhen. Der russische Finanzminister Witte hat in einer offiziellen Note in seiner Zeitschrift „Westnik Finanssow" vom 12. Juli 1902 darauf hingewiesen und gezeigt, wie sehr die Kartelle die ganze Handelspolitik beeinflussen. Seine Ausführungen sind so interessant, daß ich sie hier im Wortlaut wiedergeben möchte.[18]) Nach einer Darstellung des Prämiensystems kommt der Artikel auf die Kartelle zu sprechen, wobei auf das Schienen- und das Drahtstiftsyndikat in Deutschland hingewiesen wird. Dann heißt es weiter: „Für Länder, in welche die kartellierte Industrie ihren Export dirigiert, ist diese Politik des Drückens der Preise unter die Marktpreise äußerst lästig und kostspielig, denn sie untergräbt die Industrie dieser Länder. Die Tätigkeit der Syndikate kann in dieser Beziehung mit Recht dem von allen verurteilten unlauteren Wettbewerb zur Seite gestellt werden. Die durch solche, von niemandem eingedämmte Kunstgriffe heraufbeschworene Gefahr hat sich noch vergrößert, seitdem die Syndikate verschiedener Länder begonnen haben, sich untereinander zu verständigen; solcher internationaler Syndikate gibt es bereits

mehrere Dutzende. Das einzige Mittel zur Bekämpfung des erwähnten
Vorgehens der Syndikate ist gegenwärtig — der Schutz der eigenen
Industrie durch die Erhöhung der Zollsätze. Dieses Mittel aber, zu
dem auch die russische Regierung zu greifen genötigt worden ist, schließt
für die eigene Industrie Nachteile und Gefahr in sich, welche mit dem
häufigen Wechsel der Tarifsätze und jenem Übermaße an Schutz zu-
sammenhängen, welches unvermeidlich ist, wenn die Höhe der Zölle
nicht nach den natürlichen Produktionsbedingungen der verschiedenen
Länder berechnet werden, sondern auf Grund einer zufälligen Erscheinung
— nämlich des nicht selten veränderlichen Niveaus der Preise, zu
denen die Syndikate ihre Waren auf den ausländischen Markt werfen.
Außerdem ist aber eine solche Erhöhung der Zölle eine Ungerechtig-
keit; sie wird durch die Tätigkeit der Syndikate einzelner Länder
hervorgerufen, erstreckt sich aber auf die Erzeugnisse aller Länder, da
dieselben untereinander durch Handelsverträge gebunden sind, und die
Rechte der Meistbegünstigung die Einführung von Ausnahmetarifen
nicht zulassen.

In den neunziger Jahren wurde der Versuch gemacht, die Industrie
gegen den Einfluß der Ausfuhrprämien auf etwas anderer Grundlage
zu schützen. Das amerikanische Zolltarifgesetz vom Jahre 1897, welches
unter dem Namen Dingley-Bill bekannt ist, verbietet nicht nur, in die
Vereinigten Staaten Nordamerikas solche Waren einzuführen, welche
in Gefängnissen oder überhaupt mit Hilfe unfreiwilliger Arbeit hergestellt werden, sondern bestimmt gleichzeitig erhöhte Zollsätze für
Waren, welche eine direkte oder indirekte Ausfuhrprämie genießen.
Dieses Gesetz bezieht sich aber nur auf die von den Regierungen
gezahlten Ausfuhrprämien und ist, da es nicht das Resultat einer internationalen Vereinbarung bildet, einseitig und kann bei seiner Anwendung
leicht internationale Verwickelungen herbeiführen. Denselben Charakter
einer gegen die staatlichen Ausfuhrprämien gerichteten Maßregel trägt
auch die Bestimmung der letzten Brüsseler Zuckerkonferenz. Die Pro-
jekte der neuen Zolltarife, wie z. B. das deutsche Projekt, berühren,
soweit bekannt ist, überhaupt nicht die Exporttätigkeit der Syndikate,
obwohl eine der parlamentarischen Gruppen den Vorschlag machte,
erniedrigte Zollsätze für diejenigen Waren festzusetzen, welche ins Ausland zu Preisen exportiert werden, die niedriger sind, als die auf
inländischen Märkten verlangten Preise.

Indessen liegt gegenwärtig der Schwerpunkt der Frage der Prä-
miierung von Exportwaren und der durch sie hervorgerufenen Nieder-

drückung der internationalen Preise ausschließlich in der Exporttätigkeit der Syndikate, Trusts und Kartelle. Uns scheint, daß es gerade jetzt zeitgemäß ist, sich mit der Frage dieser vom internationalen Gesichtspunkt aus schädlichen Tätigkeit zu beschäftigen, umso mehr, als der Ablauftermin der Handelsverträge herannaht und die außerordentlich ernste Frage ihrer Erneuerung ersteht. Wird es klug sein, wenn man diese der vaterländischen Industrie schädliche Seite der Tätigkeit der Syndikate vor Augen hat und weiß, daß infolge ihrer Macht schon jetzt die Frage ihrer Gefährlichkeit als „eines Staates im Staate" aufgeworfen wird, wie das neulich im deutschen Reichstage bei der Erörterung der Tätigkeit des Syndikats für Dynamit und Explosivstoffe geschah — wird es unter solchen Bedingungen klug sein, auf lange Zeit hinaus die Zollsätze festzulegen, sich dadurch in Bezug auf die Anwendung des einzigen wirksamen Verteidigungsmittels gegen den gewissenlosen Konkurrenzkampf der Syndikate die Hände zu binden und die vaterländische Industrie ihren Schlägen preiszugeben? Überhaupt widerspricht die Tätigkeit der Syndikate den Tendenzen der modernen Handelsverträge, welche auf dem Prinzip der Solidarität der Kulturvölker begründet sind. Die Handelsverträge vom Anfang und die vom Ende des neunzehnten Jahrhunderts sind ihrem Geiste nach sehr verschieden; letztere enthalten eine ganze Reihe von Paragraphen, welche den ersteren unbekannt waren und den gegenseitigen Schutz der Industrie zum Zweck haben; selbst die Zugeständnisse bei den Tarifsätzen, die auf dem Prinzip do ut des beruhen, erscheinen, wenn man genauer auf sie eingeht, als eine eigenartige Abgrenzung auf dem Gebiet der Warenproduktion, denn sie gründen sich auf ein sehr aufmerksames Studium der Bedingungen der Produktion und des Handels. Die zuletzt abgeschlossenen Verträge enthalten noch einen für die gegenwärtige Evolution der Handelsverträge ebenfalls charakteristischen Artikel, nämlich die Abmachung über eine schiedsrichterliche Entscheidung bei Meinungsverschiedenheiten über die Anwendung der Handelsverträge. Das Finanzministerium geht, indem es sich mit seiner Note an die Signatarmächte der Brüsseler Konvention wendet, auf dem Wege der Solidarität der Völker, welche eine der besten Errungenschaften unserer Kultur bildet, vor. Wesentliche Interessenfragen, welche viele Staaten berühren, müssen durch internationale Vereinbarungen gelöst werden. In dieser Beziehung ist die Note des Finanzministeriums auf ökonomischem Gebiete eine Anwendung derjenigen Prinzipien, auf welche die Beschlüsse der Haager Konferenz sich

gründen, die auf die Initiative Seiner Majestät des Kaisers berufen
wurde."

Ob es wirklich bald zu internationalen Vereinbarungen für eine gemeinsame Bekämpfung der Monopole kommen wird und Rußland mit Vorschlägen zu diesem Zwecke hervortreten wird, wie man nach den Ausführungen des Artikels annehmen könnte, scheint mir einstweilen zweifelhaft. Jedenfalls halte ich es, nach dem oben Gesagten für Deutschland
für eine verfehlte Politik, in die Handelsverträge eine Anti-Exportprämienklausel aufnehmen zu wollen, also Zollerhöhungen einzuführen, wenn
in fremden Ländern staatliche oder private Exportprämien gezahlt
werden. Die Gefahren, die damit verbunden sind, hebt schon der
russische Artikel zum großen Teil hervor und sie werden auch nicht
beseitigt, wenn die vielfach entstehenden Streitigkeiten dem Haager
Schiedsgericht unterbreitet würden. So richtig der Gedanke ist, daß
diese Prämienwirtschaft dem Prinzip der Handelsverträge widerspricht,
so wenig geht es doch an, dagegen einseitig durch Zollerhöhungen vorgehen zu wollen. Das einzige Mittel ist vielmehr, für jedes Produkt,
bei welchem solche Exportprämien eine Rolle spielen, internationale
Vereinbarungen herbeizuführen.

Eine internationale Festlegung der Zölle wird die billigeren Auslandsverkäufe natürlich nicht ganz beseitigen können, aber sie würde
die einzelnen Länder einander gleichstellen und verhindern, daß, wie
jetzt durch staatliche Exportprämien und Kartelle, ein Staat den anderen
zu immer höheren Schutzzöllen hinaufschraubt. Aber wäre es nicht
besser, dann gleich zum Freihandel überzugehen für solche Produkte,
für die durch staatliche Prämien und Kartelle der Export forziert wird?
Gewiß, wenn der Freihandel in solchen Produkten auf dem Wege
internationaler Vereinbarungen allgemein eingeführt wird, wird nichts
dagegen einzuwenden sein. Aber Freihandel und Schutzzoll sind, wie
ich nochmals betonen möchte, keine Gegensätze, sondern nur Gradunterschiede, und es dürfte zweckmäßiger und leichter erreichbar sein,
sich erst einmal über mäßige Schutzzölle und deren allgemeine Bildung
zu verständigen. Staaten mit geringer entwickelter Industrie könnte
ein etwas höherer Zoll zugestanden werden, um sie zum Beitritt zu
veranlassen. Denn es handelt sich darum, möglichst alle Staaten zu-
sammenzufassen, wenn aber das nicht geht, möglichst viele zu einer
gemeinsamen Zollpolitik zu vereinigen gegen die, die sich ausschließen
wollen. Gegen diese müssen dann Retorsionszölle festgesetzt werden,
während im Verkehr der Vertragsstaaten die niedrigeren Konventions-

zölle gelten. Leicht werden natürlich solche internationalen Vereinbarungen nicht zustande zu bringen sein. Aber der Anfang ist ja
schon gemacht mit der Zuckerkonvention. Der nächste Gegenstand
solcher Vereinbarungen dürfte wohl Eisen sein. So müßten allmählich
für immer mehr Produkte, deren Absatz nach dem Auslande durch
Exportprämien und Kartelle beeinflußt wird, die Zölle international
festgelegt werden.

Für je mehr Produkte in dieser Weise internationale Vereinbarungen
zustande kommen, um so mehr wird freilich der ganze Charakter der
Handelspolitik verändert. An Stelle der Handelsvertragsverhandlungen
zwischen zwei Staaten treten internationale Konferenzen, an denen alle
beteiligten Staaten teilnehmen. Die Handelsverträge in ihrer bisherigen
Form werden dadurch allmählich immer mehr an Bedeutung verlieren,
insbesondere aber scheint die Zukunft der Meistbegünstigung gefährdet.
Schon an und für sich widerspricht die Erhebung von Zollzuschlägen
bei der Einfuhr aus Staaten, die staatliche oder private Ausfuhrprämien
gewähren, dem Charakter der Meistbegünstigung, wie er im französisch-
englischen Handelsvertrag von 1860 zum Ausdruck kommt.[19] Aber
die von Amerika gewährte Meistbegünstigung beruht, wie Gothein hervorhebt, nicht auf in Analogie mit diesen abgeschlossenen Verträgen,
sondern auf bereits in den 20iger Jahren vereinbarten, deren Wortlaut
die ihnen jetzt von den Vereinigten Staaten gegebene Deutung (Reziprozität) nicht direkt ausschließt. Auch die internationale Zuckerkonvention war möglich, ohne die Meistbegünstigungsverträge zu verletzen.
Nichtsdestoweniger werden, wenn man gegen die staatlichen und privaten Exportprämien fremder Staaten vorzugehen gedenkt, die Meistbegünstigungsverträge umgestaltet werden müssen. Solche mit einer
Anti-Exportprämienklausel abzuschließen, wird wahrscheinlich überhaupt
nicht möglich, und wenn auch, nach dem oben Gesagten kaum empfehlens-
wert sein. Es kommt hinzu, daß wir auch aus anderen Gründen mit
dem Abschluß reiner Meistbegünstigungsverträge in Zukunft sehr vor-
sichtig werden sein müssen. Denn zweifellos kann die Gewährung der
Meistbegünstigung an die Rohstoffstaaten uns gefährlich werden, weil
dieselben trotzdem hohe Schutzzölle einführen und hinter ihnen
eine eigene Industrie entwickeln können. Ich stimme in dieser Hinsicht den Ausführungen von Dr. Eugen Moritz bei,[20] welcher, unser
Verhältnis zu Amerika besprechend, meint: „So erstrebenswert die Meistbegünstigungsklausel auch im Verkehr mit anderen Ländern ist, deren
industrielle Fähigkeiten mehr oder weniger feststehen, so gefährlich und

zweischneidig würde sie gerade bei Amerika sein, welches in vollster Entwicklung begriffen ist, und in welchem täglich neue Industrien entstehen. Bei dieser Sachlage könnte die Meistbegünstigungsklausel für unsern Export sehr bald ein toter Buchstabe werden, da sie uns ja nur die Gleichberechtigung mit anderen als Importeure nach Nordamerika konkurrierenden Ländern sichert, nicht aber Deutschland gegen eine Erdrosselung seines Exportes durch neue amerikanische Zölle schützt. Auf der anderen Seite würden wir bei unserem innigen Verkehr mit allen europäischen Staaten durch die Gewährung der Meistbegünstigungsklausel an der Einführung von Kampfzöllen gegenüber Amerika fast vollständig gehindert werden. Es scheint deshalb fraglich, ob die uneingeschränkte Vereinbarung der gegenseitigen Meistbegünstigung bei den Vereinigten Staaten überhaupt ratsam ist. Sie müßte jedenfalls mit zahlreichen, schwer zu ersinnenden und in ihrer Wirkung schwer voraus zu berechnenden Kautelen umgeben sein oder noch besser vielleicht auf bestimmte, heute bereits übersehbare Klassen von Produkten beschränkt werden, wie landwirtschaftliche Erzeugnisse und Rohprodukte für die Fabrikation einerseits, sowie Eisen- und Textilfabrikate andererseits oder ähnliche."

Von großem Interesse in dieser Hinsicht waren die Reichstagsverhandlungen vom 14. und 15. Januar 1903, in welchem ein Antrag von Heyl, Graf Kanitz, von Kardorff eingebracht wurde, „den Herrn Reichskanzler zu ersuchen, vor Erneuerung der bestehenden Tarifverträge das vertragsmäßig oder herkömmlich bestehende Meistbegünstigungsverhältnis zu allen denjenigen Ländern zu lösen, von denen in Bezug auf die Zollgesetzgebung und auf die zollamtliche Behandlung deutscher Waren nicht volle Reziprozität gewährt wird", sowie ein Abänderungsantrag der Abgg. Speck und Genossen: „den Herrn Reichskanzler zu ersuchen, tunlichst bald, wenn möglich noch vor Erneuerung von Tarifverträgen das vertragsmäßig oder herkömmlich bestehende Meistbegünstigungsverhältnis zu allen denjenigen Ländern zu lösen, bei welchen die Erfahrung gezeigt hat, daß ein solches Verhältnis den deutschen Interessen nachteilig gewesen ist und darauf hinzuwirken, daß mit solchen Ländern reine Meistbegünstigungsverträge nicht mehr abgeschlossen werden." Die Ausführungen des Grafen Posadowsky sowie der Abgg. Freiherr v. Heyl, Speck, Bernstein, Graf Kanitz u. s. w. hier zu besprechen, geht über den Rahmen unseres Themas hinaus, zumal die ganze Frage, die zu den schwierigsten gehört, m. E. überhaupt nicht allgemein, sondern nur mit Berücksichtigung jedes einzelnen Landes entschieden werden kann. Nicht viel anderes will auch wohl die Resolution Speck besagen, die angenommen wurde. Welche Meistbegünstigungsverträge den deutschen Interessen nachteilig gewesen sind, darüber können die Meinungen natürlich immer noch sehr auseinander gehen.

Jedenfalls wird bei handelspolitischen Maßnahmen in Zukunft ein weit größeres Augenmerk auf die monopolistischen Vereinigungen und ihre Wirkungen zu legen sein, als das bei Abfassung des deutschen Zolltarifgesetzes der Fall war,[21] und wie gesagt wird diese Berücksichtigung der ganzen Handelspolitik allmählich einen andern Charakter verleihen.

Man könnte nun vielleicht sagen, daß so tiefgreifende handelspolitische Umwälzungen, wie wir sie eben erörtert haben, also Übergang von den bisherigen Handelsverträgen zu internationalen Konferenzen der meisten Staaten über bestimmte einzelne Produkte, vielleicht einer fernen Zukunft vorbehalten sein werden, daß aber heute nicht daran zu denken sei. Doch zeigt schon die internationale Zuckerkonvention, daß das nicht der Fall ist, und ebenso wie hier gegen die staatlichen Exportprämien kann auch gegen die privaten Exportprämien der Kartelle, richtiger gegen die Forzierung der Ausfuhr durch die Monopole und die dadurch bewirkte übermäßige Preisherabdrückung und Konkurrenz auf dem Weltmarkte, eine internationale Verständigung bald als eine Notwendigkeit erscheinen. Betrachten wir die Verhältnisse der Eisenindustrie: Wenn einmal in Amerika die Krisis eingetreten ist, und der Riesen-Stahltrust seinen Produktionsüberschuß zu unerhört billigen Preisen auf die europäischen Märkte wirft, dann kann binnen kurzem auch Deutschland, das jetzt die Politik der billigeren Auslandsverkäufe mit am meisten betreibt, ebenso wie England, Belgien, Frankreich, Österreich, in eine solche Lage versetzt werden, daß es eine Beseitigung dieser Zustände mit allen Mitteln erstreben wird.

Ob solche Vereinbarungen mit Amerika oder gegen Amerika geschlossen werden sollen oder müssen, das ist eine Frage, die bei Besprechung der „amerikanischen Gefahr" vielfach erörtert worden ist. Der Gedanke eines europäischen oder mitteleuropäischen Zollvereins ist ja nicht neu. Ich glaube jedoch im Gegensatz zu vielen, die dem Hauptvertreter dieser Idee A. v. Peez folgen, nicht, daß die gegenwärtigen Verhältnisse uns diesem Ideal zahlreicher Handelspolitiker näher bringen. Ich schließe mich in dieser Hinsicht den Ausführungen von Th. Lenschau an (die amerikanische Gefahr, Berlin 1902, S. 47), der darauf aufmerksam macht, daß ein europäischer gegen Amerika gerichteter Zollbund in zweierlei Weise errichtet werden kann: „entweder die zwischen den Einzelstaaten gegenwärtig vorhandenen Zollschranken bleiben bestehen oder sie kommen gänzlich in Fortfall, sodaß Europa ein einziges großes Zollgebiet bildet." Letzteres ist aber sehr unwahrscheinlich, weil die Produktionsverhältnisse in den hauptsächlichsten europäischen Ländern doch gar zu verschieden sind und insbesondere Deutschland, Belgien und eventl. England in manchen Zweigen ein derartiges Übergewicht haben würden, daß die anderen Staaten eine Vernichtung zahlreicher, jetzt mit Mühe herangebildeter Industrien befürchten müßten. Insbesondere dürfte auch Rußland, dessen Bestrebungen auf Errichtung eines vom Auslande möglichst unabhängigen „Weltreiches" ja unverkennbar sind, kaum dafür zu gewinnen sein. Bei der andern Möglichkeit: „Die europäischen Staaten vereinigen sich unter Beibehaltung ihrer gegenwärtigen Zolltarife zur gemeinsamen Abwehr gegen die amerikanischen Industrieprodukte", liegt die Schwierigkeit, wie Lenschau ebenfalls richtig hervorhebt (S. 49), darin, England zum Beitritt zu veranlassen. Das ist m. E. nicht in erster Linie deswegen schwierig, weil England Freihandel hat, sondern deshalb, weil England in einem solchen Zollverein wenig gewinnen würde. Es hat die Konkurrenz der großen kontinentalen Industriestaaten, insbesondere Deutschlands und Belgiens ebenso zu fürchten wie die Amerikas, und es ist in der Tat mehr als fraglich, ob, wenn es einmal zu solchen internationalen Zollbündnissen kommen sollte, die Interessen Englands mehr zu einem Bündnisse mit dem Kontinent oder nicht vielmehr zu einem Zusammengehen mit Amerika treiben. Die schon vorhandenen engen Beziehungen zwischen beiden Ländern, die Sprachgleichheit, das große Kapitalinteresse Englands in Amerika, neuerdings umgekehrt das wachsende Hinübergreifen amerikanischen Kapitals nach England, endlich nicht zum wenigsten der Umstand, daß die Vereinigten Staaten einen Angriff auf die Monroe-Doktrin am wenigsten von England, eine Unterstützung zum Schutze derselben aber am ersten von ihm zu erwarten haben, lassen eine derartige Gruppierung wahrscheinlicher erscheinen.

Ich glaube aber, daß überhaupt ein europäischer Zollverein größerer Ausdehnung heute in ebenso weiter Ferne liegt wie je. Mir scheint vielmehr, daß nur sozusagen Zollvereine für jeweils ein bestimmtes Produkt uns bevorstehen, Vereinbarungen mehrerer Staaten in verschiedener Gruppierung, die gemeinsames Vorgehen gegen solche Staaten zum Zweck haben, in denen durch Exportprämien und inländischen Monopole künstlich die Konkurrenzfähigkeit der Industrie auf dem Weltmarkte gesteigert und damit anderen Staaten die Absatzgelegenheit und die Erhaltung ihrer Industrien erschwert wird.

Aber wenn wir auch da oder dort politischen Anschluß finden, der selbst enger sein mag als die heutigen großen Allianzen, den wirtschaftlichen Kampf, die Sorge für unsere ökonomische Behauptung werden wir doch allein führen müssen. Daß dazu nicht ökonomischer Stillstand oder gar eine Rückbildung unserer Volkswirtschaft, sondern Weiterbildung der heute vorhandenen Entwickelungstendenzen erforderlich ist, das muss m. E. jeder, der unbefangen an diese Frage herantritt, zugeben. Die Weiterbildung dessen, was man heute mit einem Worte, das leider schon lange Parteischlagwort ist, Kapitalismus nennt, ist unvermeidlich. Aber nicht nötig ist es, daß man diese Entwickelung, deren Nachteile für einige Bevölkerungsklassen nicht geleugnet werden können, ganz sich selbst überläßt. Man kann wohl durch staatliches Eingreifen manche Härten mildern, ohne befürchten zu müssen, deswegen gegenüber anderen Staaten ins Hintertreffen zu geraten. Und dies ist auch die Aufgabe, die in der äußeren Handelspolitik das Schutzzollsystem zu übernehmen hat; es soll den Übergang zu neuen Produktionsformen milder gestalten, als er sich in der rauhen Luft des Freihandels vollziehen würde, und ich glaube gezeigt zu haben, daß mit dem Schutzzollsystem durchaus nicht ökonomischer Stillstand verbunden ist, sondern daß sich unter seiner Herrschaft sehr wohl eine neue zweckmäßige Producktionsorganisation zu entwickeln vermag.

Aber diese — darauf möchte ich noch aufmerksam machen, weil es meist nicht genügend betont wird — tut es nicht allein.[33]) Was nützen einem Lande die großartigsten Kombinationsunternehmungen und Trusts, wenn ihre Erträge nur verhältnismäßig wenigen zu gute kommen, und der Gegensatz zwischen einer kleinen Zahl außerordentlich Reicher, die mit ihrem Gelde das gesamte staatliche Leben beeinflussen, und der großen Zahl im Verhältnis zu jenen Armer und jedenfalls Machtloser sich immer mehr verschärft? Je mehr die Monopole sich durchsetzen, von umso größerer Bedeutung wird also das Problem der Einkommensverteilung, richtiger das der Verteilung des Ertrags der Unternehmungen. Es ist eine der wichtigsten Zukunftaufgaben des Staates, dafür zu sorgen, daß die Vermehrung des Reichtums, welche eine bessere Organisation der Volkswirtschaft ermöglicht, nicht nur

wenigen Kapitalmagnaten zufällt, sondern daß sie eine Hebung des
Wohles der Gesamtheit zur Folge hat. Denn ohne einen allgemeinen
kulturellen Fortschritt, der eine Verbesserung der ökonomischen Lage
der großen Massen voraussetzt, ist die ganze Neuorganisation des
Wirtschaftslebens auf die Dauer nicht durchführbar, und es ist überhaupt verkehrt, in einem Lande, dessen Bevölkerung in ihrer Gesamtheit nicht weit genug vorgeschritten ist, Kartelle, Trusts und Kombinationen entwickeln zu wollen und zu glauben, daß damit die Zukunft
des Landes gesichert sei. Dieser „moderne Kapitalismus" — denn
das sind im wahren Sinne des Worts jene Organisationen — ist nur
möglich und nützlich, wenn ein Volk auch die für diese Stufe des
Wirtschaftslebens erforderlichen Eigenschaften besitzt. Selbst wenn es
einige Männer gibt, die solche moderne Unternehmungen in einem
Lande organisieren, so ist demselben damit seine Zukunft noch lange
nicht sicher gestellt; es wird sich vielmehr nur dann anderen gegenüber behaupten können, wenn die gesamte Wissenschaft und
Technik, die Fähigkeiten und Bildung der Arbeiterschaft, kurz
die kulturelle Entwickelung des ganzen Volkes mit der ökonomischen Weiterbildung Schritt hält. Beide sind untrennbar miteinander verbunden und daher muß auch die Sorge für beide die Gesellschaft in gleicher Weise beschäftigen. Ein Volk muß für den
Kapitalismus erzogen werden und die gesamte soziale Ordnung muß
mit ihm in Einklang gebracht werden, nur so wird auch den Gefahren,
die mit dieser Entwickelung zweifellos verbunden sind, begegnet werden
können. Wir in Deutschland, aber auch die anderen Länder (z. B. die
Vereinigten Staaten) sind m. E. noch weit entfernt, alle diejenigen
staatlichen Einrichtungen geschaffen haben, welche einem Überwuchern
der schlimmen Seiten des Kapitalismus entgegenzuwirken vermögen.
Nur wenn der Fortschritt in der Organisation des Wirtschaftslebens
Hand in Hand geht mit dem allgemeinen geistigen und sittlichen Fortschritt des Volkes auf allen Gebieten, nur wenn seine Gesetzgebung,
Verwaltung und staatliche Ordnung den neuen Aufgaben gewachsen
sind, kann die Entwickelung zum Kapitalismus einem Lande zum Segen
gereichen. Dann aber ist er eines der Mittel, welche den Völkern,
denen die Zukunft gehört, ihre Überlegenheit oder doch die Behauptung
anderen gegenüber sichern.

Anmerkungen zu Kapitei I.

[1]) Zuerst geschah das in der zweiten Hälfte der 70er Jahre bei Gelegenheit der deutschen Zolltarifverhandlungen.

[2]) Der älteste Schriftsteller über unseren Gegenstand, Kleinwächter (die Kartelle, 1883) spricht überhaupt nicht von dem Einfluß der Schutzzölle, und die Kartelle.

[3]) Raffalovich, Les coalitions de producteurs et le protectionnisme 1888, (zitiert bei Brouilhet, Essai sur les ententes commerciales et industrielles S. 99) und sein Artikel Accaparement im Nouveau Dictionnaire d'Economie politique.

[4]) Vgl. W. Rosenberg in der Zeitschrift für Staats- und Volkswirtschaft, Bd. IV, No. 17 (zitiert bei Pohle, die Kartelle der gewerblichen Unternehmer S. 68).

[5]) W. Rosenberg in dem in der vorigen Anmerkung genannte Aufsatz, und der bekannte Ausspruch Havemeyers vor der Industrial Commission: The mother of all Trusts is the customs tariff law.

[6]) Schönlank, die Kartelle, in Brauns Archiv für soziale Gesetzgebung und Statistik, Bd III, S. 494.

[7]) Die Unternehmerverbände (Konventionen, Kartelle) ihr Wesen und ihre Bedeutung, Kapitel V.

[8]) Schönlank a. a. O.. S. 495.

[9]) Schönlank a. a. O., S. 498: „Am 9. Mai 1873, als in Wien die Sterbeglocke des wirtschaftlichen Aufschwungs gellte, wurde die Geburtsstunde der Kartelle eingeläutet."

[10]) s. die Aufzählung derselben aus der Eisenindustrie in „Die Unternehmerverbände", S. 66—67.

[11]) Diese aus Mangel an theoretischen Untersuchungen und Abgrenzungen der verschiedenen Vereinigungsformen entstandene Konfusion zeigt sich auch in dem ersten englischen Buche, welches die Entwicklung der monopolistischen Vereinigungen behandelt, in H. W. Macrosty's Trusts and the State, London 1901. Schon der Titel ist durchaus irreführend, es wird von allen möglichen Vereinigungen, auch Gewerkvereinen und Konsumvereinen gesprochen. So verdienstlich das Werk sonst als die erste derartige Schrift in England, die vielerlei Material herbeibringt, ist, so empfindlich ist doch der vollständige Mangel einer theoretischen Durcharbeitung dieses Materials, zumal der Verfasser die Grundlagen für die Unterscheidung der verschiedenen Vereinigungsformen in der ausländischen Literatur hätte finden können. Immerhin gewährt diese Schrift in Verbindung mit den beiden amerikanischen Enquêten über die Trusts in Europa, die freilich, namentlich die erste, der consular report on Trusts and trade combinations in Europe, Washington 1900, an demselben Mangel genügender Abgrenzungen leiden, die Möglichkeit, sich ein Bild von der Ausdehnung der Fusions- und Kombinationsbewegung, von der Entwicklung monopolistischer Fusionen und Trusts und von dem Vorhandensein von Kartellen in England zu machen. Siehe einige Bemerkungen darüber in den folgenden Anmerkungen.

[12]) Besonders aber muß dagegen protestiert werden, wenn solche absolut willkürliche Angaben, wie daß in England ca. 870 Unternehmerverbände vorhanden seien, als Beweis benutzt werden dafür, daß auch bei Freihandel die

monopolistischen Vereinigungen sich ebensogut entwickeln (s. z. B. Adolf Menzel, die Kartelle und die Rechtsordnung S. 73—74 und F. C. Huber, die Kartelle S. 146 Anm.).

[13]) Zu den Fusionen mit monopolistischem Charakter gehören bezw. gehörten die Salt Union (1888) mit 2,400,000 £ Kapital, die United Alkali Company (1891), die 8,500,000 £ Kapital aufwies, und 49 Firmen mit 83% der Gesamtproduktion Englands vereinigte, die Bradford Dyers Association (1898) mit 4,500,000 £ Kapital, 30 Firmen = über 80%, eng verbunden mit der Warp-Dyers' und der Wool-Dyers' Association, zusammen 64 Firmen = ca. 85% des gesamten Gewerbes, die Yorkshire Woolcombers Association 1899, 2,500,000 £ Kapital, 38 Firmen = ca. 80%; die Calico printers' Association (1899), ca. 9,000,000 £ Kapital, 60 Firmen = 85%, die größte monopolistische Fusion Englands; die Wall paper manufacturers (1900) 4,200,000 £ Kapital, 30 Firmen = 98%; die Yorkshire Indigo, Scarlet and Color Dyers' Association, (1898) 550,000 £ Kapital, 11 Firmen = 100%; die Horn Comb Company (1899) 300,000 £ Kapital 3 Firmen = über 90%; die Associated Portland Cement Manufacturers (1900) mit 8,000,000 £ Kapital, 34 Firmen = 80% der Produktion von ganz England, 89 von derjenigen des Thames und Medway Distrikts; die internationale Borax Consolidated (1899), 7 Firmen mit 3,200.000 £ Kapital. — Dies sind die wichtigsten; es gibt daneben noch einige kleinere Fusionen, von denen ich nicht feststellen konnte, ob sie monopolistischen Charakters sind. Manche durch Fusion entstandene große Unternehmungen gelangen zum Monopol auch erst im Wege von Kartellverträgen mit den übrigen Firmen des Unternehmungszweiges, so hat der Zementtrust Kartellverträge mit 4 anderen Firmen abgeschlossen, die mit einem Kapital von 1,350,000 £ gegründete Lace-dressers' association in Nottingham steht im Kartellvertrag mit den 6 außenstehenden Firmen (Macrosty a. a. O., S. 176) ebenso der Wall Paper Trust mit den 3 outsiders. Auch die United Alkali Company hielt das Monopol für Chlorkalk nur durch Kartellverträge mit den andern englischen Produzenten fest, die aber infolge der deutschen und französischen Konkurrenz Ende August 1902 aufgelöst wurden. Das größte Unternehmen der englischen Spinnerei und Weberei, J. & P. Coats Ltd. mit 7½ Mill. £ Kapital besitzt kein eigentliches Monopol, ist aber vermöge seiner enormen Kapitalkraft, seiner engen Beziehungen zu anderen großen Unternehmungen, wie der English Sewing Cotton Company (Kapital 2,750,000 £), der American Thread Company (Kapital ca. 20 Millionen $), der Fine Cotton Spinners and Doublers' Association (Kapital 6,000,000 £), sowie der Linen Thread Company (Kapital 6,000,000 £) u. s. w., an denen es mit Aktienbesitz beteiligt ist, die größte kapitalistische „Kombination" Englands.

[14]) In vielen Industrien sind der Trustbildung ebenfalls Kartelle vorausgegangen. So bestand ein Preis- und Produktionskartell der Sodafabrikanten (nach dem Leblanc-Verfahren) von 1884—1890 (s. Macrosty a. a. O. S. 161) und erst nach dessen Zusammenbruch wurde die United Alkali Company geschlossen; dem vollständigen Zusammenschluß der Färbereien von Bradford war eine Allianz nach dem Plane von E. J. Smith vorausgegangen (s Macrosty a. a. O. S. 170), die Wollkämmereien von Bradford hatten von 1893—1895 ein Kartell, dem dann der vollständige Zusammenschluß von 38 Firmen folgte, nachdem die zwei

größten ausgetreten waren. Auch dem Wall Paper Trust ging ein Kartell der Fabrikanten voraus.

[13]) Nachdem schon früher mehrfach Vereinigungsbestrebungen im englischen Kohlenbergbau zu verzeichnen waren, tauchte im Oktober 1902 der Plan auf, die Gruben nach dem Muster des deutschen Kohlensyndikats zu einem Kartell zu vereinigen. Schon im September 1901 sollen übrigens 29 Kohlenbergbaugesellschaften in Süd-Wales ein Kartell nach deutschem Vorbild mit Auftragsverteilung durch ein Zentralbureau gebildet haben. Gegenwärtig wird in Birmingham für den Plan eines Kartells der Kohlengruben ganz Englands und einer Allianz mit den Bergleuten agitiert.

[14]) Die Allianzen, gemeinsame monopolistische Vereinigungen der Unternehmer und Arbeiter in England, Conrads Jahrbücher 1900, Bd. 75, S. 433 ff.

[17]) Report of the Industrial Commission 1901, Bd. 18: Industrial Combinations in Europe, S. 9.

[18]) Über die Ursachen der schwachen Entwickelung des Kartellwesens in England, Zeitschrift für Sozialwissenschaft, Bd. IV, Heft 7, S. 426 ff.

[19]) Meine Bemerkungen über den Gründungsschwindel in England (die Allianzen, S. 434), die Goldstein als beträchtlich übertrieben bezeichnet, dürften damals, als der Hooley-Schwindel noch alle Gemüter beschäftigte, wohl berechtigt gewesen sein. Die Tatsache, daß dort die Gründung von Aktiengesellschaften viel leichter und ohne solche Kautelen wie bei uns sich vollzieht, dürfte kaum zu bezweifeln sein. Mit amerikanischen Verhältnissen habe ich sie freilich nicht vergleichen wollen.

Dagegen habe ich durchaus nicht behauptet, daß die englischen Kartelle oft zu Spekulationszwecken gegründet worden seien, sondern nur, daß dies oft bei den (nicht monopolistischen) Fusionen der Fall sei. Ich unterschied eben scharf Fusionen und Kartelle und bei den ersteren wieder die monopolistischen von den nichtmonopolistischen. Und das ist, wie überhaupt, wenn man nicht zu falschen Generalisierungen kommen will, so auch hier erforderlich. Daß nichtmonopolistische Fusionen, d. h. der Fall, daß ein Werk andere aufkauft, in der Regel von den individualistischen Anschauungen der Unternehmer ganz unabhängig sind, liegt auf der Hand. Diese kommen nur bei der Monopolbildung in Betracht.

[20]) a. a. O. S. 430.

[21]) Goldsteins Argumentation hätte nur dann einen Sinn, wenn einige Unternehmer nur für das Ausland arbeiteten, andere nur für das Inland; dann hätten die ersten allerdings kein Interesse an einem Kartell. Aber eine solche Teilung wird wohl kaum vorkommen.

[22]) Auch der Versuch Goldsteins, seine Behauptung, daß die Verminderung der Bedeutung des Exports die Kartellbildung erleichtere, durch Bezugnahme auf die Sodaindustrie zu begründen, scheint mir nicht gelungen. Ganz abgesehen davon, daß schon lange vor der Gründung der United Alkali Company 1890, nämlich seit 1884, ein Kartell der englischen Sodafabrikanten bestanden hat (s. oben Anm. 14), ist die Gründung dieser Gesellschaft, die 49 Leblanc-Sodafabriken in Trustform zusammenschloß, doch hauptsächlich erfolgt wegen der wachsenden Konkurrenz der nach Solvay arbeitenden Werke. Diese machte

bei den ersteren eine Verbilligung der Produktion unbedingt notwendig, und eine solche glaubte man nur bei vollständigem Zusammenschluß erzielen zu können.

[13]) G. de Leener, Les Syndicats Industriels en Belgique, Bibliothèque sociologique No. 1, Brüssel und Leipzig 1903, weist mit besonderem Nachdruck auf die Bedeutung hin, die die Fachvereine, die Chambres de commerce und die Warenbörsen für die Entstehung der belgischen Kartelle gehabt haben.

[14]) Vgl. J. W. Jenks (The Trust Problem 1900), der von favors to industrial combinations spricht.

Anmerkungen zu Kapitel II.

[1]) Zitiert bei Oeser, Wie stellen wir uns zu den Kartellen und Syndikaten? Frankurt a. M. 1902, S. II. Vgl. auch desselben Rede im Preußischen Abgeordnetenhause vom 3. Februar 1903.

[1]) R. Franz, Die industriellen Syndikate und Kartelle, Berlin 1902, S. 7.

[3]) Auch Dietzel. Sozialpolitik und Handelspolitik betont nur immer, und mit Recht, die Tatsache, daß der Schutzzoll die billigeren Auslandsverkäufe ermögliche. Was diese Tatsache aber bedeutet und ob sie dazu berechtigt, ohne weiteres, wie er es tut, absoluten Freihandel zu verlangen, das wird nicht näher untersucht. Dietzel geht aber weiter und hält (S. 23) überhaupt Schutzzölle bei kartellierten Industrien für schädlich. „Man streitet darüber, ob die Vorteile oder die Nachteile dieser ja noch verhältnismäßig jungen Betriebsform (?) überwiegen. Die Entscheidung muß bedingt gefaßt werden: bei Freihandel überwiegen jene, bei Schutzzoll diese." Demgegenüber glaube ich doch, in folgendem zeigen zu können, daß so einfach und allgemein die Frage nicht zu entscheiden ist.

[4]) Man behauptet vielfach, daß die Rohstoffindustrien, insbesondere die Kohlen-, Koks- und Roheisenindustrie, mit ihren Syndikaten die gegenwärtige ungünstige Lage mitverschuldet hätten, weil sie die Preise nicht ermäßigten. Aber nehmen wir einmal an, die Kartelle hätten sich beim Umschlag der Konjunktur aufgelöst, wie das früher die Regel war und noch jetzt bei nicht fest organisierten Kartellen häufig ist. Die gleichmäßige Produktionseinschränkung durch das ganze Gewerbe wäre dann natürlich nicht erfolgt, jeder Unternehmer hätte eher gesucht, seine Produktion noch zu steigern, um die Generalunkosten zu ermäßigen. Eine Einschränkung wäre schließlich nur durch zugrunde gehen einiger Werke herbeigeführt worden (heute häufiger durch Neubildung des Kartells, das dann mit einer allgemeinen Produktionseinschränkung begonnen hätte). Ein solches zugrunde gehen einzelner Werke ist aber für die Volkswirtschaft höchst nachteilig und hätte die Krisis, die allgemeine Unsicherheit verschärft. Die Preise wären allerdings heruntergegangen; hätten aber die Weiterverarbeiter von der Konkurrenz in den Rohstoffindustrien profitiert? Zunächst wären jedenfalls noch Abschlüsse zu den hohen Preisen zu erledigen gewesen und die teuer gekauften Lagerbestände aufzuarbeiten. Man sagt nun, auch das sei eine Folge der Kartelle. Aber auch früher, im Zustand der Konkurrenz gab es immer Leute, die an einer Fortdauer der günstigen Konjunktur glaubten und sich zu hohen Preisen mit Rohstoffen versahen, während andere

vorsichtiger waren, dafür aber, wenn die Konjunktur anhielt, jenen gegenüber
in Nachteil gerieten. Das spekulative Moment wäre also beim Rohstoffbezug
viel größer gewesen und den Weiterverarbeitern wäre im ganzen doch ihre
Lage nicht erleichtert worden. Denn die so glücklich waren, keine teueren
Rohstoffe mehr zu besitzen, hätten billig einkaufen und dann alle anderen
niederkonkurrieren können. Ob sich unter diesen Verhältnissen die wirtschaftliche Konjunktur schneller gebessert hätte, erscheint mehr als zweifelhaft. Vgl.
übrigens meinen Aufsatz „Krisen und Kartelle" in Schmollers Jahrbüchern 1902.

⁵) Daß auf den Export nichts ankommt, zeigt sich z. B. auch an den
Wirkungen der territorialer Kartelle. Hier kann die Konkurrenzfähigkeit derjenigen Weiterverarbeiter, die auf den Bezug vom Kartell angewiesen sind,
durch dessen hohe Preise vermindert werden gegenüber den Konkurrenten des
Inlandes, die sich außerhalb des Kartellrayons befinden, wo die Preise billiger
sind. Die zahlreichen territorialen Kartelle, wie die für Zement, Tafelglas,
Seifen etc. müssen außerhalb ihres natürlichen Absatzgebietes billiger anbieten,
um die Konkurrenz der anderen Gebiete zu überwinden, und die hier domi-
zilierenden Weiterverarbeiter genießen daher einen Vorzug in ihrer Konkurrenzfähigkeit gegenüber denjenigen, die auf das Kartell angewiesen sind. Hier sdin
es also nicht die Schutzzölle, sondern die Transportkosten, welche auf einem
bestimmten Gebiete ein Monopol sichern.

⁶) Man hat auch schon versucht, internationale Kartelle nur für den
Export nach dritten Ländern zustande zu bringen. Im Oktober 1901 ging von
dem amerikanischen Drahtstiftenkartell die Anregung aus, die deutschen, amerikanischen, österreichischen, ungarischen, belgischen und italienischen Werke
zu einer Preisvereinigung für den Export nach dem Orient zusammenzuschließen.
Die Preiserhöhung sollte etwa 2 frs. nach den orientalischen Haupthäfen be-
tragen. Das Kartell kam nicht zustande, es scheint mir aber zweifellos, daß
solche Verbände der Hauptproduzenten für den Export nach dritten Ländern
in Zukunft viele Aussichten haben. Denn gegenüber den Bestrebungen auch
der exotischen Staaten, durch Schutzzölle eigene Industrie zu entwickeln
und sich vom Auslande unabhängig zu machen, haben die Hauptproduktions-
staaten gemeinsame Interessen und werden unnötige Konkurrenz in fremden
Ländern möglichst zu vermeiden suchen.

⁷) Der hohe Inlandspreis allein, nicht der billigere Export ist es auch, der
unter Umständen ermöglicht, daß die exportierten Rohstoffe von deutschen
Weiterverarbeitern wieder zurückgekauft werden. Ein Remscheider Kaufmann,
HeinrichBaecker, schreibt darüber in einer Broschüre „Deutschland am Scheidewege,
ein letztes Wort zur wirtschaftlichenKlärung": „Man sendet die Waren von Deutschland zu billigen Exportpreisen zum Beispiel nach Holland oder einem Freihafen,
und der deutsche Wiederverkäufer findet noch mehr Vorteil, diese nach Holland
verschleuderten Waren zu kaufen, dem ersten Käufer in Holland seinen Nutzen
zu gewähren und Zoll und Rückfracht zu bezahlen, als — die gleiche Ware
aus der Fabrik vor seiner Tür, das ist vom Syndikate, zu nehmen". Insbesondere in den Grenzgebieten scheint solcher Bezug deutschen Materials aus
dem Auslande nicht selten zu sein. Schiffsbleche, Träger, Holzschrauben,
Schmieröl sind so schon über Holland bezogen worden.

Übrigens werden auch, wenn es sich um Weiterverarbeitung für den Export handelt, Versuche gemacht, mittelst des Veredlungsverkehrs den Zoll zu sparen und doch die billigeren Exportpreise des deutschen Rohstoffkartells zu erhalten. Eine Stettiner Konfektionsfirma bestellt durch eine Mittelsperson bei der Zanellakonvention Waren nach Kopenhagen, bezahlt dafür den billigen Auslandspreis und führt sie im Wege des Veredlungsverkehrs zollfrei ein. (Über die Exportvergütungen der Rohstoffkartelle an die Weiterverarbeiter s. unten.)

⁸) Eingehende Darstellung dieser Verhältnisse findet sich bei Th. Vogelstein, Die Industrie der Rheinprovinz 1888—1900, Münchener Volkswirtschaftliche Studien, 47tes Stück.

⁹) F. C. Huber, Die Kartelle. 1903, S. 149.

¹⁰) Viel größeren Umfang haben, um das nicht unerwähnt zu lassen, die bloßen Beteiligungen deutscher Werke an gleichartigen des Auslandes, die aber für die Unabhängigkeit der deutschen Werke von ausländischen Zollsätzen und Kartellpreisen in der Regel nicht in Betracht kommen. Eine andere ebenfalls häufige und sehr bedeutsame Erscheinung, die Beteiligung an rohstoffliefernden Werken des In- oder Auslandes durch die Weiterverarbeiter ist vielfach nur eine Vorstufe zu den unten zu erwähnenden Kombinationen.

¹¹) Über diese höchst wichtige wirtschaftliche Erscheinung unterrichtet bisher ausschließlich das Buch von L. Sinzheimer, Über die Grenzen der Weiterbildung des fabrikmäßigen Großbetriebes in Deutschland, 1893. Münchener Volkswirtschaftliche Studien, Heft 3.

¹²) Aus demselben Grunde ist auch der Ausdruck: finanzielle Trustgesellschaften (Max Joergens, Finanzielle Trustgesellschaften, Münchener volkswirtschaftliche Studien, 54 Stück) zu verwerfen. Ich schlage dafür das kürzere und viel klarer das Wesen derselben bezeichnende: Beteiligungsgesellschaften vor. Die ursprüngliche Trustform des englischen Rechtes für derartige Gesellschaften ist heute ganz unwesentlich. Das Wort Trust sollte für die monopolistischen Fusionen vorbehalten bleiben. Denn nur auf sie beziehen sich in der Regel die Urteile über Trusts.

¹³) Dieser Zusammenhang kann nicht bezweifelt werden, und es ist deshalb eigentümlich, wie in den kontradiktorischen Verhandlungen über deutsche Kartelle bei Besprechung des rheinisch-westfälischen Kohlensyndikats der Direktor desselben, Unckell, auf die Frage 12: Hat das Kartell einen Einfluß ausgeübt, b) auf die Konzentration der Betriebe durch Zusammenfassen der verschiedenen Stadien des Produktionsprozesses dienenden Betriebe in einer Hand? einfach antworten konnte: „Frage b) trifft für uns nicht zu". Es ist doch klar, daß das Kohlensyndikat natürlich nicht die Kohlenzechen zu Kombinationen veranlaßt hat, sondern die Eisenwerke zur Angliederung von Zechen, und daß dies in Wirklichkeit geschehen ist, geht auch aus dem Vortrag des Referenten, Regierungsrat Dr. Völcker hervor, der einige Beispiele der Angliederung von Kohlenzechen an Eisenwerke, freilich bei weitem nicht alle nannte. Es sind mir bekannt geworden die Kombinationen: Gewerkschaft ver. Hannibal mit Fried. Krupp (Mai 1899), Pluto A.-Ges. mit A.-Ges. Schalker Gruben- und Hüttenverein (Juni 1899, besonders beachtenswert durch die außerordentlich günstigen Erfolge), A.-Ges. Zeche Dannenbaum mit A.-Ges. Differ-

dingen-Dannenbaum. jetzt Deutsch-Luxemburgische Bergwerks- und Hütten-
A.-Ges. (Juni 1899), ver. Westfalia mit Eisen- und Stahlwerk Hösch A.-Ges.
(März 1899), Gewerkschaft Crone mit Fentscher Hütten-A.-Ges. (Oktober 1899),
Gewerkschaft General mit Lothringer Hüttenverein Aumetz-Friede (Januar
1900), Zentrum mit Rheinische Stahlwerke (April 1900), ver. Carolinenglück
mit Bochumer Gußstahlverein (Mai 1900). Schon seit früher besitzen eigene
Zechen folgende Eisenwerke im Ruhrgebiet: Bochumer Gußstahlverein (seit
1868), Dortmunder Union seit 1872, Gutehoffnungshütte, Friedr. Krupp, Hoerder
Bergwerks- und Hüttenverein, Phoenix Bergbau- und Hüttenaktiengesellschaft,
letzteres seit 1896 durch Ankauf der Meidericher Kohlenbergbaugesellschaft und
der Zechen Westende und Ruhr und Rhein. Ein kombiniertes Eisen- und
Kohlenwerk ist auch die Gewerkschaft Deutscher Kaiser der Firma Thyssen.

Endlich kommen noch solche Werke in Betracht, die, um sich vom Kohlensyndikat unabhängig zu machen, nach Erwerbung von Kohlenfeldern eigene
Zechen angelegt haben. Es sind: Minister Achenbach (Gebr. Stumm), Werne
(Georg-Marien-Bergwerk- und Hüttenverein bei Osnabrück), Zeche De Wendel
bei Hamm (Firma De Wendel), Zeche Maximilian bei Hamm (Maximilianshütte),
Zeche Emscher-Lippe bei Mengede (Friedr. Krupp und Norddeutscher Lloyd),
ferner die Steinkohlenfelder, die die Mansfelder Kupferschiefer bauende Gewerkschaft erworben hat.

Was die Verhandlungen der Kartellenquête über diese Frage betrifft, so ist
besonders merkwürdig, daß kein einziger der Anwesenden gegen jene Ver-
neinung der Frage b etwas einzuwenden hatte. Eine Bemerkung des Abgeordneten Bergrat Gothein bezog sich auf Absatz a der Frage 12: Hat das
Syndikat einen Ausfluß ausgeübt auf die Konzentration der Betriebe durch Ausschaltung minder leistungsfähiger Betriebe? Es wurde hier die Übernahme der
Zeche Steingatt durch die Bergbaugesellschaft Concordia erwähnt (nebenbei
bemerkt, ist dies nicht der einzige Fall einer Fusion zum Zwecke der Erhöhung
der Beteiligung beim Kohlensyndikat. Ich habe schon in meiner Schrift über
die Unternehmerverbände einen andern Fall erwähnt, die Erwerbung der Zeche
Helene durch die Gesellschaft Nordstern; neuestens ist auch wieder die Übernahme der Zeche Bommerbänkker Tiefbau durch die Gewerkschaft Mont Cenis
zu nennen). Es gehören dahin aber auch die zahlreichen Angliederungen
noch leistungsfähiger Zechen an andere größere. Übrigens ist die Fassung der
Frage 12a höchst unklar. Soll „Konzentration der Betriebe durch Ausschaltung
minder leistungsfähiger Betriebe" eine Verminderung der Zahl der Betriebe durch
Zugrundegehen bedeuten, so ist der Ausdruck Konzentration nicht angebracht,
weil er unter b in ganz anderem, richtigem Sinne gebraucht wird, ist aber dabei nur
an eine Verschmelzung mit, eine Angliederung an andere Zechen gedacht, so ist
wieder die Bezeichnung Ausschaltung unzutreffend. Es handelt sich um drei
Möglichkeiten: 1. Beseitigung, Verdrängung minder leistungsfähiger Betriebe,
2. Fusionierung von Betrieben innerhalb des Kartells, 3. Kombinierung verschiedener Produktionsstadien. Man wird, um zu vermeiden, daß auch
in Zukunft diese wichtige Frage ihrer Unklarheit wegen ungenügend
beantwortet wird, gut tun, die Frage 12 folgendermaßen zu fassen: Hat das
Kartell a) zu einer Ausschaltung und Verdrängung minder leistungsfähiger

Betriebe geführt? (Dies wird in der Regel verneint werden, da es eher dem Wesen des Kartells entspricht, solche am Leben zu erhalten. Die Ausschaltung wird im Gegenteil durch den Konkurrenzkampf vorgenommen.) b) die Fusionierung α) zwischen Kartellmitgliedern, β) zwischen Außenstehenden, γ) zwischen Kartellmitgliedern und gleichartigen Außenstehenden beeinflußt? c) Die Kombinierung von verschiedenen Stadien des Produktionsprozesses in einer Unternehmung gefördert? Die letzte Frage bezieht sich dann sowohl auf Kombinationen, die Kartellmitglieder vornehmen, als auf solche, die von den Weiterverarbeitern des kartellierten Produktes ausgehen.

[14]) So insbesondere Dr. H. Schacht in einem offenbar nicht auf genügender Kenntnis des Materials basierendem und viele falsche Voraussetzungen enthaltenden Aufsatze: „Trust oder Kartelle"? Preußische Jahrbücher, Band 110. Ihm folgend Alfred Weber in seinem Referat für den 7. Vertretertag des Nationalsozialen Vereins zu Hannover vom 2. bis 5. Oktober 1902. Gegen beide jetzt S. Tschierschky, Kartell und Trust, Göttingen 1903, dessen diesbezüglichen Ausführungen ich im allgemeinen beistimme.

[15]) Eine solche Vergleichung liefert Tschierschky in seinem oben erwähnten Buche. Ich kann seinen Ausführungen in vielen Punkten beistimmen, so insbesondere in seiner Polemik gegen diejenigen (s. Anm. 14), die etwas Wesentliches über die Kartelle auszusagen vermeinen, wenn sie sie als eine der modernen Tendenzen zur Kapitalkonzentration bezeichnen. Es beruht das wiederum, wie auch Tschierschky hervorhebt, auf einer Verwechselung mit den Trusts und bleibt unrichtig, obwohl die Kartelle neuestens häufiger als früher das gemeinsame Kapital der Mitglieder zur Bekämpfung der Konkurrenz heranziehen. (Schutzbohrgemeinschaft des Kalisyndikats, Aufkauf von außenstehenden Fabriken durch das Zuckersyndikat, Drahtstiftsyndikat etc.) Aber Tschierschky übertreibt zweifellos, wenn auch aus dem berechtigten Gedanken, gegen jene Auffassungen protestieren zu müssen, nun wieder nach der andern Seite, indem er die Kartelle geradezu „in mancher Hinsicht als ein künstliches Hemmnis der kapitalistischen Entwickelung der Wirtschaft" bezeichnet (S. 56). Das sind sie nicht. Sie wären es ihrer Natur nach, aber nicht nach ihren Wirkungen, die eben in der Herbeiführung der oben kurz skizzierten verschiedenen Entwickelungstendenzen bestehen. Die Kartelle sind nur, wie ich schon früher ausführte (Unternehmerverbände S. 192) ein Mittel, um den Übergang aus dem organisationslosen Zustand der freien Konkurrenz zur organisierten Volkswirtschaft allmählicher und milder sich vollziehen zu lassen.

Anmerkungen zu Kapitel III.

[1]) Beide vereinigt in der Schrift: Die Kartelle und die Rechtsordnung, Leipzig 1902. s. daselbst S. 28 und 73.

[2]) Band II S. 380.

[3]) Vgl. Protokoll über die Verhandlungen des Nationalsozialen Vereins (VII. Vertretertag) zu Hannover vom 2. bis 5. Oktober 1902.

[4]) s. oben Kapitel II.

[5]) Die Übersetzung nach Grunzel, Über Kartelle S. 168—169.

⁶) Das folgende nach meinem Aufsatze: Was kann heute den Kartellen gegenüber geschehen? in Conrads Jahrbüchern, Dezember 1902.

⁷) Auf diese Forderungen beschränken sich die gesetzgeberischen Vorschläge der meisten Autoren, z. B. Landesbergers, Menzels, Waentigs anf dem deutschen Juristentage. Dieser selbst hat von der Menzelschen Resolution nur die Empfehlung der Einführung öffentlicher Kartellregister angenommen, die Statuierung einer Auskunftspflicht aber abgelehnt (s. auch meine Anzeige des Menzelschen Buches in Conrads Jahrbüchern, Januar 1903).

⁸) Landesberger, Referat für den 26. deutschen Juristentag, S. 380. — Das folgende nach meinem oben erwähnten Aufsatze in Conrads Jahrbüchern.

⁹) Grunzel, Über Kartelle, S. 168.

¹⁰) s. jetzt insbesondere F. Lusensky, der zollfreie Veredlungsverkehr, Berlin 1903 und die daselbst zitierte weitere Literatur.

¹¹) Kartellrundschau, Heft 3 vom 10. Februar 1903. — Es sei mir gestattet, wenigstens hier, in der Anmerkung, auch noch die übrigen in jenem Aufsatz erörterten Mittel anzuführen, weil sie ebenfalls, wenn auch nicht zu den zollpolitischen, so doch zu den Maßregeln gehören, welche gegenüber den Kartellierungen der Rohstoffindustrien und deren schutzzöllnerischer Begünstigung die weiterverarbeitenden Gewerbe vielleicht günstiger zu stellen vermögen. Es kommen in Betracht: 1. Hereinziehung der Ausfuhr der Rohstoffe und Halbfabrikate in die Kartellierung, ausgehend von dem Gedanken, daß die inländischen Weiterverarbeiter durch die billigere Ausfuhr der Rohstoffe in ihrer Konkurrenzfähigkeit den ausländischen gegenüber geschädigt werden. Ich stehe nun zwar auf dem Standpunkte, daß der billigere Verkauf ans Ausland nicht ungünstig zu beurteilen, sondern meist eine Notwendigkeit ist, sicherlich aber ist er, wie gezeigt, immer dann verwerflich, wenn die deutschen Werke durch ihre eigene Konkurrenz den Weltmarktspreis immer weiter herabdrücken. Daher ist die Ausdehnung der Kartellierung auf die Ausfuhr eine berechtigte Forderung und neuerdings sind solche Verbände auch mehrfach zustande gekommen. (Schienen, Grobbleche.)

2. Daß mit der Kartellierung der Rohstoffausfuhr den heimischen Weiterverarbeitern aber wesentlich geholfen sei, wird man kaum behaupten können, denn nicht die billigen Auslandspreise, sondern die hohen Inlandspreise sind es ja, welche sie schädigen. Als ein zweites Mittel, den Weiterverarbeitern zuhelfen, sind daher Versuche derselben denkbar, durch gemeinsames Vorgehen eine Herabsetzung der Rohstoff- bezw. Halbfabrikatspreise zu erzwingen. Ein solcher fester Zusammenschluß aller Verbraucher wäre unter allen Umständen sehr nützlich, aber einerseits sind die Schwierigkeiten groß, andererseits die Hoffnung gering, daß er eine erhebliche Ermäßigung der Rohstoffpreise herbeiführen werde. Ein solcher Abnehmerverband würde jedenfalls die Bildung weiterer Kombinationsunternehmungen anregen.

Die Vorschläge der Halbzeugverbraucher gehen weiter; sie wünschen einen staatlichen Kredit von 50 Millionen Mark zur Errichtung eines eigenen großen Stahlwerkes. Also Verbandseigenproduktion, um sich von den Rohstoffproduzenten unabhängig zu machen. Aber hiergegen sprechen die Bedenken, die ich gegen alle Förderung von Konkurrenzunternehmungen durch den Staat als

Mittel gegenüber den Kartellen erhoben habe (Conrads Jahrbücher, Dezember 1902, S. 797), namentlich der Umstand, daß dadurch die schon vorhandene Überproduktion noch weiter vermehrt werde. Derartig weitgehende Mittel können nur im Wege der Selbsthilfe angewendet werden. An privatem Kredit würde es vielleicht nicht fehlen, wenn die Verbraucher genügend lange Abnahmeverpflichtungen eingehen würden.

3. Ein weiterer Vorschlag ist die Bildung eines gemeinsamen Syndikats der Halbzeugproduzenten und Verbraucher (vgl. „Köln. Zeitung" vom 16. Jan. 1903), d. h. einer festen Verbindung zwischen den beiderseitigen Vereinigungen. Es würde hier der Gedanke zur Verwirklichung kommen, den ich Anfang 1902 in einem Aufsatze in Schmollers Jahrbuch zuerst entwickelt habe (Krisen und Kartelle, Schmollers Jahrbücher 1902, S. 207 ff.), daß die Preise der weiterverarbeiteten Produkte sich nach denen der Rohstoffe richten müßten, eine gleitende Skala zwischen beiden geschaffen werden sollte, bezw. die Preise der Rohstoffe sowohl wie der verarbeiteten Produkte durch Kommissionen der Rohstoffproduzenten und Weiterverarbeiter gemeinsam festgesetzt werden würden. Wenn es gelänge, einen solchen gemeinsamen Verband zu schaffen, würde das zweifellos für die reinen Weiterverarbeiter von Nutzen sein. Allein die großen kombinierten Unternehmungen wollen eben, einstweilen wenigstens, davon nichts wissen und es ist auch sehr fraglich, ob es im Interesse der Allgemeinheit ist, daß auf diese Weise die Durchsetzung einer vollkommeren Produktionsorganisation mindestens verlangsamt wird. Jedenfalls würden mit Durchführung einer solchen gemeinsamen Vereinigung die Preise für die Fertigprodukte höher werden.

Schließlich möchte ich noch einem Gedanken Ausdruck geben, der durch eine Äußerung der Interessenten angeregt wurde und durch ähnliche Entwickelungsvorgänge auf dem Gebiete des Handels nahe gelegt wird. In einer Zuschrift an das „Berliner Tageblatt" vom 12. Januar behauptet ein Halbzeugverbraucher, daß die großen gemischten Werke bei gleichen Halbzeugpreisen teurer produzieren als die kleinen Spezialwerke, und daß deshalb die ersteren an dem Halbzeug ihren hauptsächlichen Gewinn zu erzielen suchen Ob dies wirklich der Fall ist, wird durch die Kartellkommission eingehend untersucht werden müssen; erst dann wird man zu einem abschließenden Urteil in dieser Frage berechtigt sein. Es scheint mir aber, daß, wenn dies richtig ist, die Lage der reinen Weiterverarbeiter wohl etwas verbessert werden könnte durch eine Weiterbildung der Spezialisation. Die Produktionskosten würden dadurch nicht unerheblich verbilligt werden können, festgeschlossene Kartelle für die scharf spezialisierten Produkte werden erleichtert und durch die größere Gleichmäßigkeit in den Preisfestsetzungen und den besseren Überblick über die Absatzverhältnisse des Spezialprodukts wird die größere Abhängigkeit von den Konjunkturen desselben ausgeglichen. Natürlich läßt sich eine solche weitergeführte Arbeitsteilung nicht von heute auf morgen schaffen, aber vielleicht kann dieselbe durch eine Verständigung der in Betracht kommenden Werke allmählich herbeigeführt werden und eine Verbilligung der Produktionskosten im Gefolge haben. Wir haben auf dem Gebiete des Handels einen zwar nicht analogen aber ähnlichen Vorgang. Auch die Warenhäuser sind Kombinationsunternehmungen, aber die Spezialgeschäfte behalten neben ihnen ihre Bedeutung. Vielleicht gelingt es auch den reinen Walzwerken sich durch größere Spezialisation lebensfähig zu erhalten, indem eine solche die billigere Rohstoffbeschaffung der kombinierten Werke auszugleichen vermag.

¹²) Vgl. Lusensky a. a. O. S. 173.

¹²ᵃ) Nach der „Frankf. Zeitung" vom 4. November 1902.

¹³) Schon Lotz, Sonderinteressen gegenüber der Wissenschaft einst und jetzt S. 25, macht darauf aufmerksam, daß bei Kohlen und Eisen „die Protektion im Verkehrswesen liegt" und hier nicht Rohstoffzölle die Schutzbedürftigkeit der Eisenwerke herbeiführen.

¹⁴) Vgl. den Aufsatz Krisen und Kartelle in Schmollers Jahrbuch 1902, Heft 2 und dazu Pohle, Bevölkerungsbewegung, Kapitalbildung und periodische Wirtschaftskrisen, S. 42 ff.

¹⁵) Schon der Congrès international du commerce et de l'industrie, der im September 1902 in Ostende tagte, hat einen derartigen Beschluß gefaßt.

¹⁶) Die Zukunft der Meistbegünstigung, die „Nation", 20. Jahrgang, No. 2. — Auch Alfred Weber hat in seine Leitsätze für den nationalsozialen Vertretertag einen Passus aufgenommen (VI): „Erwünscht ist die Einfügung einer Klausel in die Handelsverträge, die die Erhebung eines Zollzuschlages auf Artikel ermöglicht, welche fremde Kartelle, Trusts oder ähnlichen Organisationen mit Hilfe von Exportprämien exportieren."

¹⁷) s. oben Anm. 11 zu diesem Kapitel.

¹⁸) Nach der „Frankf. Zeitung." vom 16. Juli 1902, die einer Übersetzung der deutschen „Petersburger Zeitung" folgt.

¹⁹) Vgl. auch den schon erwähnten Aufsatz von Gothein.

²⁰) Dr. Eugen Moritz, Eisenindustrie, Zolltarif und Außenhandel, Berlin 1902, S. 58.

²¹) s. darüber auch Lotz a. a. O, S. 22 ff.

²²) Es ist höchst interessant zu sehen, wie insbesondere im Auslande die Monopolbildung der deutschen und amerikanischen Volkswirtschaft als Muster hingestellt und die möglichst vollkommene Nachbildung der dort vorhandenen Institutionen im Interesse der nationalen Behauptung gefordert wird. Besonders zutage tritt dieser Gesichtspunkt in der kürzlich erschienenen Schrift des ehemaligen Deputierten der Seine und Loire, Francis Laur: de l'Accaparement, Bd. II, der die Kartelle Deutschlands behandelt, nachdem sich der erste mit den amerikanischen Trusts befaßt hatte. Dieses Buch ist zwar ganz unsystematisch und kritiklos, teilweise direkt albern (le cartel Guillaume II et Friedrich Krupp nennt sich ein Kapitel!), aber es enthält ein großes, meist von den französischen Konsuln gesammeltes Material, das auch dem deutschen Leser manches Neue zu bringen vermag und ist besonders bemerkenswert durch die starke Hervorkehrung des Gedankens, daß sich Frankreich so schnell als möglich eine große Kartell- und Trustorganisation heranbilden müsse. Denselben Standpunkt vertritt J. Méline, der bekannte ehemalige Ministerpräsident und Schutzzöllner, der eine Vorrede zu dem Buche Laur's geschrieben hat.

CPSIA information can be obtained
at www.ICGtesting.com
Printed in the USA
BVHW041452150219
540385BV00008B/101/P